Michael Hornickel

Jeux des Boules:
Pétanque
und andere Kugelspiele

Verlag Klaus Guhl

Für ihre tatkräftige Unterstützung danke ich weiterhin:
Marianne Schuck
Max Hornickel
Martin Jahrow
Alexander Richter
Robert Pouzet
J. Lancres

Fotos: Manfred Rebentisch
Brigitte Bruch
Taz
Ullstein Bilderdienst

Satz: Oberbaumverlag, 1 Berlin 21
Druck: K. GUHL, Berlin

ISBN: 3-88220-325-0

INHALT

Diese wackeren Leut' sind nicht jene, die sich nicht an einer Revolution beteiligen werden.

(1851)

Préface

Bereits seit der Antike werden Boule-Spiele in verschiedenen Teilen der Welt auf unterschiedlichste Weise ausgetragen. Es hat den Anschein, als ob sie seit Jahrhunderten nur in Frankreich beheimatet seien. Einige, wie das Boule-Spiel mit Holzkugeln, bleiben wahrscheinlich die Besonderheit der kleinen französischen Provinzstädte, wo jedes Café seinen Boule-Platz und seinen Kugelvorrat hat, der in einem kleinen, wassergefüllten Becken schwimmt.

Im Gegensatz dazu hat die „Pétanque", der Stolz des „Midi" Frankreichs, es verstanden, sich durchzusetzen und in ganz Frankreich und zahlreichen anderen Ländern ihre Anhänger zu finden. Auch in Deutschland wurden die Herzen vieler Freunde dieses Sports erobert. Obgleich die Anfänge noch bescheiden sind, erlernen die deutschen Spieler dieses Spiel sehr schnell.

Der Autor dieses Buches, unser Freund Michael, ist einer dieser leidenschaftlichen deutschen Pétanque-Spieler, der von den Lektionen der „Alten" des „Club Bouliste des Français de Berlin" bestens profitierte und diese gelegentlich auf ihrem eigenen Platz geschlagen hat.

Für viele ist es eine Leidenschaft, für andere ein Zeitvertreib und für manche andere wiederum aktive Entspannung. Die verantwortlichen Spielleiter sind bemüht, diese Sportart weltweit bekannt zu machen und sie in die Olympischen Disziplinen einreihen zu lassen. Man stelle sich einen „alten Knaben" von 50 Jahren vor, der sein Land bei den Olympischen Spielen vertritt! ... Doch, doch, mit der Pétanque wäre das durchaus möglich! Müssen wir weiterhin nur davon träumen ...?

Die Pétanque trifft voll das französische Temperament, das, wie wir wissen, bereits bei Asterix dem Gallier bewundert wurde: Lebensfreude, Lautstärke und ein starker Hang zu lukullischen Genüssen.

Lebensfreude? ... Man küßt Fanny, ein süßes Pummelchen, das all denen, die keine Punkte erzielt haben, ein hübsches, rundes Hinterteil zeigt.

Lautstärke? ... Auf dem Platz konzentriert man sich und läßt dann seinem Temperament freien Lauf. Die manchmal etwas kräftigen und deftig beziehungsvollen Worte sprudeln nur so heraus. Man diskutiert die besten Möglichkeiten, noch einen Punkt herauszuholen, man berechnet, befühlt und untersucht. Aber das alles spielt sich im Rahmen eines seit langem festgelegten Protokolls nach strikten Regeln ab.

Hang zu lukullischen Genüssen? ... Aber ja! Nach dem Spiel treffen sich die Gegner bei einem „Pastis", und bei der Gelegenheit wird dann das Spiel ganz allgemein, der Punkt, den man nicht gewinnen konnte, das Loch, das man geworfen hat ... kritisch unter die Lupe genommen. Und ab und zu, da ja der Aperitif hungrig macht, wird dann im Freien unter den Bäumen des Platzes geschlemmt.

Daran erkennt man den typischen Boule-Spieler: Beim ersten Sonnenstrahl ist er im Freien, seine Kugeln in der Hand. Er übt diesen Freizeitsport bis zu einem respektablen Alter aus, d.h., solange er laufen kann ... und essen ... und trinken.

So erobern auf friedliche Weise Asterix's Spiele die Welt: lassen auch Sie sich mitreißen, und sollten Sie dabei nicht gerade Geschicklichkeit erlernen, so werden Sie dabei Freunde finden, die Ihnen das Leben von einer anderen Seite zeigen und Ihnen wahre Lebensfreude vermitteln.

Viel Glück, liebe Sportsfreunde !!!

Robert Pouzet
Traduction: J. Lancres

ES war einmal ...

vor langer, langer Zeit, da lebte in Arles ein junger Mann, der einen Buckel hatte.

Manchmal, wenn er besonders traurig über den häßlichen Höcker in seinem Rücken war, ging er hinaus aus der Stadt zu den nahen Hügeln, um sich zu trösten. Dort ruhte er sich dann aus, sprach zu den Tieren des Waldes und füllte seine Lungen mit der frischen, nach Lavendel und Thymian duftenden Luft. Dies waren seine einzigen glücklichen Momente, denn nur hier gelang es ihm, seine Mißgestalt zu vergessen.

Doch an diesem Tage vermochte nicht einmal eine Kaninchen-Familie, die für ihn spielte, ihn aufzuheitern. Ihm war das Herz so schwer, daß er schon glaubte, sein Buckel wäre nach vorn gerutscht und laste nun darauf. Er war todtraurig, der arme Bucklige, und während er so trübsinnig vor sich hin grübelte, merkte er gar nicht, wie die Nacht langsam hereinbrach. Er verspürte nicht die geringste Lust, nach Hause zu gehen und irrte so ziellos durch die Wälder, bis er schließlich den Mont des Cordes erreichte. Dort fand er eine Höhle, die den Vorfahren als Begräbnisstätte für ihre Toten gedient hatte; doch die Leute hier sagen lieber, es sei eine Grotte der Feen. Da unser Bucklige nun doch müde war, ging er hinein, legte sich hin und schlief schließlich über seinem Kummer ein.

Gegen Mitternacht wurde er plötzlich durch einen Heidenlärm geweckt. Er hörte, wie etwas gegen die Felsen polterte, und winzige Stimmchen schwatzten kräftig und lachten schallend. Er richtete sich auf, rieb sich die Augen und kniff sich in den Arm, um sicher zu sein, nicht zu träumen: In einem zauberhaft goldenen Licht sah er sechs kleine Kobolde, die eifrig Boules spielten. Und die Kugeln waren aus reinem Gold, ja sie glitzerten so sehr, daß sie ihn blendeten.

Als die Zwerge, die ja bekanntlich aus Herz und Seele lesen können, merkten, wie unser Held hellwach dastand, schlugen sie ihm vor mitzuspielen, um seinen Kummer zu vertreiben.

Freunde des weisen Boules-Spiels auf den Champs Elysées

Einer der kleinen Männchen überließ ihm gerne seinen Platz, aber unser Buckliger hatte keine Kugeln und, wie jedermann weiß, verleiht man ein Paar Boules genausowenig wie eine Frau oder eine Pfeife. Schließlich könnten die Kugeln danach nicht mehr richtig in der Hand liegen.

Also nahmen die Kobolde einfach den Buckel von seinem Rücken, formten daraus zwei Kugeln ganz wie die ihren; und so spielten sie die ganze Nacht.

Ja, sie einigten sich sogar, um dem Leser nichts zu verschweigen, hinter dem Rücken ihres neuen Freundes, seine Mannschaft öfter gewinnen zu lassen.

Als der Sonnenaufgang nahte, hatte der Bucklige ohne Buckel seinen Kummer völlig vergessen, ja er wußte sogar nicht mehr, warum er überhaupt jemals so traurig gewesen sein konnte. Dieses neue Spiel hatte ihn begeistert.

Die Kobolde verabschiedeten sich von ihm und verschwanden. Ihre Zeit, schlafen zu gehen, war gekommen.

Und schon fand sich unser Freund wieder allein, doch ohne Buckel, dafür aber mit zwei Goldkugeln in der Hand. Sorgfältig räumte er die Kugeln in eine Ecke der Grotte, so, daß seine kleinen Freunde sie wiederfinden könnten, und überglücklich machte er sich auf den Weg nach Arles.

Bei seiner Ankunft traf er einen Freund, der ihn erstaunt fragte, wo denn sein Buckel geblieben sei. Sich betont gerade haltend, blickte er umher, um zu sehen, welche Wirkung seine wundersame Heilung auf die Leute haben würde, und erzählte, wie ihm geschah.

Natürlich tat der Freund so, als würde er ihm nicht glauben, ließ sich aber genau die Regeln dieses Spiels, von dem noch nie zuvor jemand gehört hatte, erklären.

Bei Anbruch der Dunkelheit machte sich der Freund auf den Weg zu eben dieser Grotte der Feen am Mont des Cordes, traf auch die Kobolde und spielte mit ihnen die ganze Nacht. Nachdem bei Morgengrauen die kleinen Männchen wieder verschwanden, nahm er die Goldkugeln einfach mit.

Vor den Toren von Arles lachte er noch über die Naivität des ehemaligen Buckligen und über den Streich, den er den Kobolden gespielt hatte, als sich die Kugeln plötzlich in Luft auflösten. Und schon, unter unbeschreiblichem Schmerz, krümmte ihn eine Last zwischen seinen Schultern nach vorn. Verrückt vor Verzweiflung und Gewissensbissen, floh er heulend von dannen, gebrochen, krumm, stolpernd unter dem Gewicht eines riesigen Buckels, der ihm auf seinem Rücken gewachsen war.

Moral:
Das Boules-Spiel ist ein Zeitvertreib, der den Kummer verfliegen läßt, und soll nicht einem eigennützigen Zweck dienen.[1]

I.

Geschichte der Boules-Spiele

XI Vous serez compains et entiers
Aus gloutons et aus pautoniers
Toz jors voudrez estre en la foule
En la taverne et en la boule.

13. Jahrhundert[5]

Bereits die Griechen der Antike kannten Kugelspiele: So beschreibt Homer in seiner „Ilias“ einen Wettkampf, bei dem Krieger versuchen, Eisenblöcke möglichst weit zu stoßen. Auch die griechischen Ärzte empfahlen solche Spiele zur körperlichen Ertüchtigung. Auskunft hierüber gibt eine Schrift von Oreibasios, der um das Jahr 325 v. Chr. geboren wurde. Er unterscheidet zwischen Kugeln verschiedener Größe, die über den Kopf, auf Zehenspitzen stehend oder aus dem Lauf geworfen werden müssen. Ziel dieser unterschiedlichen Übungen ist, alle Muskeln zu trainieren.

Auch der berühmte Arzt Hippokrates befaßte sich mit diesen Leibesübungen und empfahl sie zur Entwicklung der Arm- und Beinmuskulatur, zur Stabilisierung der Wirbelsäule und Verbesserung des Augenmaßes.

Diese Wettkämpfe entsprachen allerdings eher unserem heutigen Kugelstoßen als dem Boules-Spiel.

Die Römer kamen der Sache da schon näher. Sie machten aus dem reinen Kraftsport ein Geschicklichkeitsspiel, indem sie mit Steinen einen auf bestimmte Entfernung liegenden anderen Stein zu treffen versuchten. Der Verlierer mußte dann den Gewinner auf seine Schultern nehmen und ihn bis zum Zielstein tragen (so beschrieben von Julius Polux, ein Autor des 2. Jahrhunderts n. Chr.).

Es ist möglich, daß durch die eifrigen Eroberungsfeldzüge der Römer dieses Spiel auch zu den Galliern kam, doch wurden Kugelspiele hier erst im Mittelalter wieder erwähnt.

Schon im 13. Jahrhundert wurde in Frankreich mit Holzkugeln Boules gespielt. Hierbei ging es schließlich darum, die Kugel möglichst nahe an ein Ziel zu plazieren, entsprach also in etwa den heutigen Versionen.

Am 3. April 1369 verbot Karl V. unter anderem auch dieses Spiel, weil er die Staatssicherheit gefährdet sah, da die Herren Soldaten, anstatt Bogenschießen zu üben, ihre Freizeit dem Boules-Spiel widmeten.

Bereits im 12. Jahrhundert stand in England Heinrich III. übrigens vor dem gleichen Problem. Auch er verbot das Spiel per Gesetz, konnte es jedoch nicht ausrotten, weil heimlich weitergespielt wurde.

Überhaupt wurde Boules im Laufe der Jahrhunderte verfolgt und immer wieder mal verboten, was uns seine Bedeutung und Popularität dokumentiert:

Die Pariser Synode vom 26. September 1697 untersagte allen Geistlichen, in der Öffentlichkeit und im Beisein Weltlicher unter anderem Boules zu spielen. In den großzügigen Innenhöfen der Klöster warf der Klerus aber weiter die Holzkugel, und in kälteren Regionen wurde das Spielfeld auf dem Dachboden hergerichtet – so zum Beispiel im Kloster Noirmoutier.

Zu Beginn des 17. Jahrhunderts versuchte die Gilde des Kunsthandwerks, durch zahlreiche Prozesse ein Verbot des Boules-Spiels zu erreichen. Zu dieser Gilde gehörten nämlich die Fabrikanten der Paume-Schläger (Paume ist eine Art Schlagballspiel, Vorläufer des Federball oder Tennis), und diese sauberen Herren wollten jegliche Konkurrenz ausschalten, um ihr Monopol zu wahren. Tatsächlich gelang es ihnen durch scheinheilige Argumente, wie etwa, das Boules-Spiel sei Anlaß zu „Anmaßung und lasterhaften Ausschweifungen“, den Hof von ihrem Vorhaben zu überzeugen, und erreichten dadurch am 7. September 1629 ein Verbot durch die ständischen Gerichte (Parlament).

Genauso wie das Spiel verfolgt wurde, gab es andererseits auch öffentliche Unterstützung durch Literatur und Wissenschaft:

Im 16. Jahrhundert fand Boules Erwähnung bei Rabelais, der Gargantua verschiedene Kugelspiele absolvieren ließ, von denen das Spiel „à cochonnet va devant“ den heutigen Versionen am nächsten kommt. Auf einem Stich aus dem 18. Jahrhundert, der Rabelais' Geburtshaus zeigt, ist auch im Garten ein Spielfeld mit Kugeln zu erkennen. Ob er dort als Kind spielte, wissen wir nicht, doch spätestens auf seiner Reise nach Lyon machte er mit Boules Bekanntschaft.

Die berühmte Fakultät von Montpellier, an der auch eben dieser Rabelais studierte, bestätigte ebenfalls im 16. Jahrhundert den Wert des Boules-Spiels für die Gesundheit: „Es gibt keinen Rheumatismus oder andere ähnliche Leiden, die nicht durch dieses Spiel vereitelt werden können; es ist für jede Altersstufe geeignet, von der Kindheit bis zum hohen Alter."

Ludwig XI. wußte das auch und spielte häufig Boules, während Ludwig XIII., unter dem ja auch das Verbot von 1629 zustande kam, es unter seiner Würde fand, auch nur eine Kugel anzufassen, und der bekannte Generalfeldmarschall Turenne galt als unschlagbar.

Von diesem Turenne erzählt man sich auch folgende Anekdote:

Eines Tages trifft Turenne bei einem einsamen Spaziergang auf einige Handwerker, die eifrig Boules spielen. Er bleibt stehen und schaut eine Weile zu, als es plötzlich bei einer umstrittenen Spielsituation zu einem heftigen Wortwechsel zwischen den Spielern kommt. Da sie sich untereinander nicht einigen können, bitten sie den fremden Passanten, da Unbeteiligter, als Schiedsrichter zu fungieren.

Der Vicomte willigt ohne weiteres ein, kniet nieder, mißt mit seinem Stock die Entfernungen zwischen den Kugeln und entscheidet sich schließlich für eine der Kugeln. Der dadurch benachteiligte Spieler gerät in helle Aufregung, zweifelt die Genauigkeit der Messung an und beschimpft Turenne laut. Dieser jedoch, sich seiner Entscheidung selbst nicht ganz sicher, erwidert nichts, kniet nochmals nieder, um nachzumessen, als sich plötzlich einige seiner Offiziere, auf der Suche nach ihm, nähern und ihre Überraschung bezeugen, „Monseigneur" in dieser Stellung vorzufinden. Dieses Wort öffnet den Spielern die Augen, und derjenige, der Turenne so beleidigt hat, wirft sich diesem um Verzeihung flehend zu Füßen: „Hätte ich gewußt, hätte ich gewußt, daß Sie es sind, Monseigneur!"

„Das große Dorffest" von Breughel

„Mein Freund“, sagt Turenne, sich wieder erhebend, ganz ruhig, „Sie sollten gegenüber jedem höflich sein, vor allem gegenüber einem Schiedsrichter, den sie selbst gewählt haben und der, glauben Sie mir, Sie nicht betrügen wollte.“ [2]

Auch nach England kam das Boules-Spiel, dort „bowls“ genannt. Wie die Franzosen spielten die Engländer auf Wiesen, nannten diese „bowling green“, woher das französische „boulingrin“ (Rasen-, Grasplatz) stammt.

Bekanntester Freund des „bowls“ ist wohl der englische Seeheld Sir Francis Drake. Bei meinen Recherchen in französischen Boules-Kneipen erzählte mir ein Engländer stolz hierzu folgende Geschichte:

Im Jahre 1588 spielte Sir Francis Drake mit einigen seiner Offiziere auf einem Plateau über den Steilküsten Englands „bowls“, als ihm ein aufgeregter Bote die Nachricht vom bevorstehenden Angriff der spanischen Armada überbrachte. Sir F. Drake gab einige kurze Befehle und wandte sich dann ruhig seinen Mitspielern zu: „Wir haben noch genug Zeit, das Spiel zu beenden; danach schlagen wir die spanische Armada.“ Daß er Recht behielt, weiß ja fast jedes Kind.

Doch zurück nach Frankreich. Vor dem 18. Jahrhundert war Boules, damals „boulle“, ein Spiel der Bauern und Handwerker und wurde erst danach eine der Vergnügungen der Aristokratie, die allerdings 1789 verständlicherweise die Lust daran verlor. Von diesem Jahr an bis heute ist Boules ein Volkssport geblieben.

Die Popularität des Spiels stieg im 19. Jahrhundert stark an. Es wurde nicht mehr nur auf den Wiesen außerhalb der Stadt gespielt, den „boules verds“ (woher die heutige Bezeichnung „boulevard“ stammen soll – der Larousse ist da allerdings anderer Meinung), sondern überall, wo Platz war, in den Straßen und auf den Marktplätzen. Es entwickelte sich das „jeu des grosses boules“, bei dem am Ende des 25–30 Meter langen Spielfeldes ein kleiner Graben („noyon“ oder „noyau“) ausgehoben wird. Vor dem Graben wird ein Ziel gekennzeichnet,

Une partie de boules au Couvent

V. Boyenval

Im Kloster

meist ein in die Erde gerammter Pflock, an das man möglichst nahe heranspielen muß. Die Kugeln, die dabei in den Graben fallen, sind aus dem Spiel.

In der 2. Hälfte des 19. Jahrhunderts begann man in Lyon das nach ihr benannte „Boule Lyonnaise“ zu spielen; 1894 wurde dort auch der erste Wettbewerb veranstaltet, bei dem über 1.000 Spieler drei Tage lang um die Plätze rangen.

1906 wurde der erste Verband gegründet.

In England wird heute noch sehr viel „bowls“ gespielt. Der Sinn dieses Spiels ist wie bei fast allen heute bekannten Varianten im Prinzip der gleiche. Es wird mit großen Holzkugeln gespielt, die einen außen liegenden metallischen Schwerpunkt („beas“ genannt) haben, so daß die Kugel auf dem Rasen eine Kurve beschreiben kann, um andere Kugeln zu umrollen. Die Engländer nennen die Kugeln „woods“ und das Ziel „jack“.

22. Oktober 1870
Warnung an die Landbevölkerung

Ich mußte erfahren, daß in gewissen bäuerlichen Gemeinden einige Nationalgardisten außerordentliche Nachlässigkeit bei der Erfüllung ihrer patriotischen Pflichten an den Tag legen.
Hiermit bevollmächtige ich die Bürgermeister, alle diejenigen zu schlechten Bürgern zu erklären, die zu den militärischen Übungsstunden Spiele oder unpassende Ablenkungen bevorzugen.
Unterlaßt Belustigung und spielerische Geschicklichkeitsübungen, während Frankreich unter den Waffen steht.
Lassen wir die Boules-Kugeln ruhen, solange Kanonenkugeln die geheiligte Erde unseres Vaterlandes zerreißen.

Esquiros, Präfekt von Marseille

Boules-Spieler in Rom

Die alte italienische Abwandlung heißt „Boccia" (bei uns vor allem durch Italienurlauber und Adenauer sehr bekannt), ein Spiel, das an den Adria-Stränden häufig zu sehen ist, normalerweise aber auf 4,50 m breiten und 28 m langen speziell präparierten Plätzen gespielt wird. Der Untergrund ist ganz eben, sauber und besteht aus mehreren Schichten Schlacke, Kesselasche, Rotkies und schließlich festgewalztem Steinmehl. Die Kugeln sind aus Holz und haben unterschiedliche Farben, um sie auseinanderhalten zu können. Die Industrie bietet aber auch billige Plastikkugeln für den Familienausflug an. Die Zielkugel nennen die Italiener „lecco", was soviel heißt wie „Leckerbissen, Köder". Schon im Jahre 1898 wurde in Turin der erste Boccia-Verband gegründet.

In Frankreich schließlich gibt es heute, wie noch genau beschrieben wird, einige unbekanntere regionale Spiele, das bereits erwähnte „Boule Lyonnaise" sowie „Jeu Provençal" und das jüngste, aber heute populärste aller Boules-Spiele: „Pétanque" !

1833

Während des Baus der Eisenbahnlinie St.-Etienne – Lyon wurde von der Bauleitung folgendes Verbot verhängt:
„... alle Personen, die beim Boules-Spielen, Trinken oder Tanzen an den Schienen überrascht werden, müssen mit einer gemeinsamen Strafe von mindestens 10 Francs rechnen."

gez. Marc Seguin[7]

II.

Alle heutigen Boules-Spiele

„Ein guter Poet nutzt dem Staat genauso wenig wie ein guter Kegel-Spieler."

Malherbe

„Ich habe zwei große Talente, die, eines wie das andere, der Gesellschaft oder einem Staat ebenso dienlich sind: das eine ist, gut Boules spielen zu können, und das andere gute Verse zu schreiben."

Boileau

Regionale, wenig bekannte Boules-Spiele

1. La Boule en Bois

Dieses älteste und einfachste Boules-Spiel ist im Aussterben begriffen. Es wird eigentlich nur noch in der Bretagne und der Vendée (daher auch der Name „La Vendéenne“) gespielt.

Das **Spielfeld** ist 22 Meter lang und 4 Meter breit; an den Enden wird eine Fuß-Linie („pied-de-jeu“) gezogen, die beim Abwurf der Kugel nicht überschritten werden darf. Als Spielfeldbegrenzungen werden Holz-Planken angebracht, die als Bande dienen und auch als solche benutzt werden dürfen.

Die **Zielkugel** ist aus Holz und hat einen Durchmesser von 5,5 cm. Die **Kugeln** sind ebenfalls aus Holz, haben einen Durchmesser von 10 bis 13 cm und wiegen etwa 1,5 kg.

Regeln gibt es so gut wie keine, es ist fast alles erlaubt, um näher an die Zielkugel zu gelangen. Man darf natürlich nicht die bereits erwähnte Abwurflinie übertreten, außerdem sind Kugeln aus dem Spiel, wenn sie aus dem Spielfeld springen oder das ganze Spielfeld durchrollen, ohne etwas zu berühren.

2. La Boule de Fort

La Boule de Fort gehört zu den ältesten Spielarten und wird heute nur noch in Westfrankreich und vor allem an der Loire gespielt.

Es ist das einzige Boules-Spiel, das nicht im Freien gespielt wird, sondern in geheizten Hallen. Das **Spielfeld** ist etwa 35 Meter lang und 7 Meter breit, an den Seiten ist der Boden angehoben und dient als Bande. Früher wurde auf festgewalzter Erde gespielt, heute gibt es leicht zu pflegende Kunststoffböden.

Die **Zielkugel** ist aus Holz (8 cm Durchmesser) und wird „Maître“ genannt. Die **Kugeln** sind eigentlich keine, denn sie sind nicht ganz rund, sondern haben eher die Form eines dicken Diskus, allerdings mit einer konvexen und einer konkaven (also ausgehöhlten) Seite. Das ganze ist aus Ebereschenholz mit einem Stahlmantel (Gewicht: 1.300 bis 1.400 Gramm; Durchmesser: 12 cm). Rollt eine Kugel aus, fällt sie auf die konvexe, die stärkere, Seite.

Die **Spielregeln** sind nicht allzu kompliziert, da fast alles erlaubt ist, um am Ende besser zu liegen als die gegnerischen Kugeln. Allerdings dauert es einige Zeit, bis man die Kugeln gezielt zu werfen versteht.

La Boule de Fort ist ein regionales Spiel geblieben und gewinnt kaum neue Freunde hinzu, da es langatmig und nicht sehr variantenreich ist. Außerdem kann nicht, wie etwa beim Pétanque, überall gespielt werden, und die Zahl der Spielhallen ist nicht sehr groß, da teuer.

3. La Boule des Berges

Dieses Spiel wird seit 1865 in der Gegend von Paris gespielt und daher auch „Boule parisienne“ genannt.

Das **Spielfeld** ist 30 bis 32 Meter lang und etwa 3 Meter breit, an beiden Enden kommt eine je vier Meter lange Zone hinzu, die als Abwurfbereich dient, bzw. (am anderen Ende) in die die Zielkugel geworfen wird.
An den Seiten steigt der Boden leicht nach oben (ähnlich einer Uferböschung = „berge“ im Französischen) und ist am Rand durch Zement befestigt, so daß das Spielfeld wie eine breite Rinne aussieht. Früher bestand der Boden aus festgewalzter Erde, heute wird er aus Beton gebaut und ist dementsprechend teuer.

Als **Zielkugel** dient eine große Stahlkugel, die in Paris „Coco“ genannt wird. Gespielt wurde früher mit **Kugeln** aus Holz, die rundherum dicht mit Nägeln beschlagen waren. Heute werden Boule Lyonnaise - Kugeln aus Bronze verwendet, die 1 Kilo wiegen und einen Durchmesser von 10 cm haben.

Der Sinn des Spiels ist wie immer der gleiche, nämlich möglichst nahe an die Zielkugel zu spielen. Allerdings gibt es einige abweichende **Spielregeln**:

Egal in welcher Formation gespielt wird, vom Einzel bis vier gegen vier, immer verfügt jeder Spieler über drei Kugeln.
Eine Kugel, die weiter als 1 Meter von der Zielkugel entfernt liegen bleibt, wird annulliert. Versucht der Schütze, eine Kugel, die weiter als 5 cm von der Zielkugel entfernt liegt, wegzuschießen, so muß er dies vorher ansagen.
Die Zahl der Freunde dieses Spiels ist nicht mehr sehr groß, trotzdem findet alljährlich eine Französische Meisterschaft statt, zu der die wenigen Klubs ihre besten Spieler entsenden.

CHARLET. — Le Joueur de Boules.

Boule Lyonnaise

Das Ende des 19. Jahrhunderts aufgekommene Spiel wird heute in ganz Frankreich und in einigen anderen Ländern (auch in Übersee) praktiziert. Es ist jedoch nicht so populär wie Pétanque, schon allein, weil für Boule Lyonnaise ein großer, speziell präparierter Spieluntergrund benötigt wird. Und das kostet Geld. Ansonsten benötigt man:

Kugeln: Ab dem Mittelalter bis zum Beginn des 20. Jahrhunderts spielte man mit Holzkugeln, die ab Mitte des 19. Jahrhunderts kunstvoll mit Nägeln beschlagen wurden, um sie auszuwuchten und zu stabilisieren. Erst 1923 wurde von Vincent Mille und Paul Courtieu die Metallkugel aus einer Bronze-Aluminiumlegierung erfunden. Heute werden hauptsächlich Stahlkugeln hergestellt. Beim Boule Lyonnaise müssen sie einen Durchmesser zwischen 90 und 110 mm sowie ein Gewicht zwischen 700 und 1.300 g haben.

Zielkugel: Sie ist immer aus Holz, meist Buchsbaum, und muß einen Durchmesser von 35 bis 37 mm haben.

„Le Cinquante" – der 50 cm - Stab: Dies ist ein 4 bis 6 mm starker, 50 cm langer Metallstab, dessen Enden zugespitzt sind, eine davon nach einer zusätzlich 5 cm langen, rechtwinkligen Krümmung. Dieser auch „baguette" genannte Stab wird für Messungen und zur Markierung der Kugeln benötigt. Genaueres hierzu wird später deutlich.

Spielfeld: Allein über die Beschaffung des Spieluntergrundes könnte man Seiten füllen. Doch es sei hier nur gesagt, daß er fest und eben sein muß.

Die viereckige Spielfläche ist insgesamt 27,50 m lang und kann 2,50 bis 4 m breit sein. Sie ist in mehrere Zonen aufgeteilt:
Zone 1:
Diese, auch Quadrat genannte Zone, wird von der Fußlinie und der Maximallinie begrenzt. Auf dieser Fläche stehen die

Spieler und werfen auch von dort aus in Richtung Zielkugel, die im gegenüberliegenden Quadrat liegt.

Zone 2:

Das Mittelfeld. Bleibt die Zielkugel in dieser Zone liegen, so ist sie ungültig und wird nochmals geworfen. Eine Kugel in dieser Zone ist gültig, wenn der Gegner damit einverstanden ist oder sie nicht weiter als 2 m vor der Fußlinie liegenbleibt.

Zone 3:

Wird die Zielkugel zu Beginn der Partie in diese von Maximallinie und Grundlinie begrenzte Zone geworfen, so ist sie ungültig. Gelangt sie jedoch während der Aufnahme in dieses Feld, so ist sie gültig. Kugeln sind hier immer gültig.

Zone 4:

Die Zielkugel und jede andere Kugel, die in dieses Feld geraten, sind ungültig. (Abb.)

Der **Spielgedanke** ist natürlich wie immer der gleiche. Es wird versucht, seine Kugeln möglichst näher an die Zielkugel zu spielen als der Gegner oder störende gegnerische Kugeln wegzuschießen, um am Ende am nächsten zu liegen.

In folgenden Formationen wird gespielt:

- 1 gegen 1 mit vier Kugeln pro Spieler
- 2 gegen 2 mit drei Kugeln pro Spieler
- 4 gegen 4 mit zwei Kugeln pro Spieler.

Es gibt keine offiziellen Turniere für Dreier-Mannschaften, doch wird niemand einen hindern, ein Freundschaftsspiel in dieser Formation auszutragen.

Der **Spielablauf** ist im Grundprinzip dem Pétanque gleich. Doch allein durch die Besonderheit des Spielfeldes gibt es eine Vielzahl von Regeln. Da der Schwerpunkt dieses Buches beim Pétanque-Spiel liegt, würde eine genaue Erklärung aller Regeln des Boule Lyonnaise hier den Rahmen sprengen.

So sei nur noch auf die speziellen Wurfarten hingewiesen:

Punktieren: Dies ist der Versuch, möglichst nahe an das Ziel anzulegen. Hierbei steht der Spieler im Quadrat und darf die

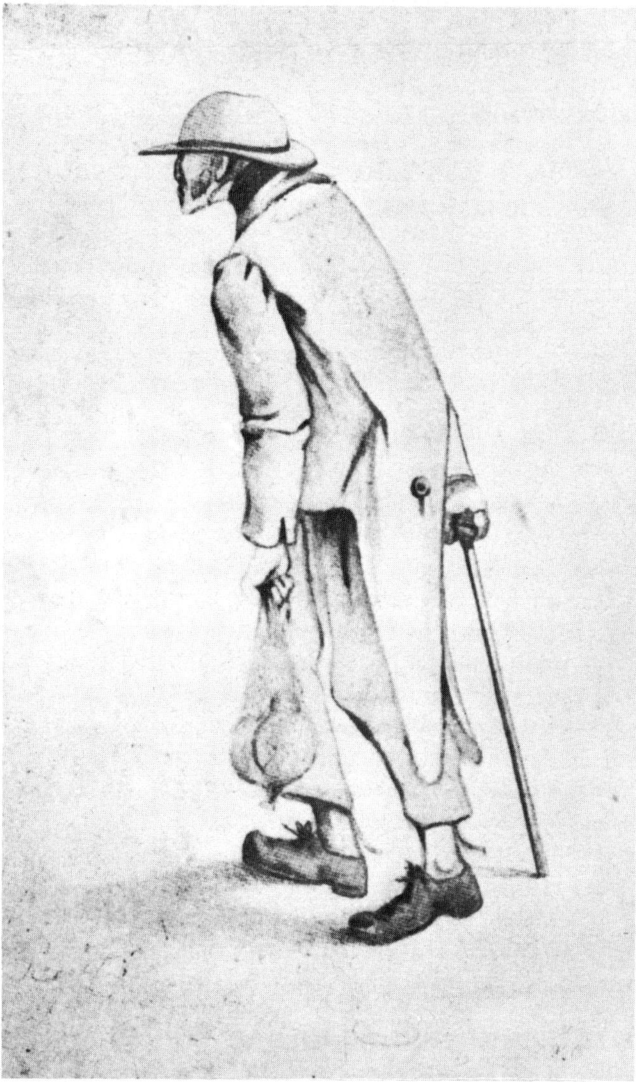

Joueur de boules lyonnais.

Fußlinie nicht überschreiten. Es gibt verschiedene Wurftechniken, im allgemeinen muß man halt nur darauf achten, daß durch das etwas vorstehende rechte Bein (Rechtshänder) der Körper im Gleichgewicht gehalten wird mit zusätzlicher Unterstützung des linken Beines.

Schießen: Hierbei geht es darum, eine gegnerische Kugel wegzuschießen. Das ist aber nicht so einfach, wie es sich anhört, zumal schon die Entfernungen sehr groß sind. Der Schütze darf zwischen Abschlußlinie und Fußlinie Anlauf nehmen, d.h. er hat 7,50 m Platz, um dann aus vollem Lauf die Kugel zu werfen. Die Anzahl der Laufschritte ist je nach Spieler unterschiedlich, am häufigsten jedoch siehtman 5 oder 6 Schritte.
Die Sache wird aber noch schwieriger: Der Schütze muß ankündigen, welche Kugel er anvisiert, und der Aufschlagpunkt seiner in hohem Bogen geworfenen Kugel darf nicht weiter als 50 cm von dieser Kugel entfernt liegen. Zum Abmessen dieser Distanz wird der bereits beschriebene Metallstab verwendet.
Es gehört viel Übung dazu, dieses Schießen zu beherrschen, vor allem wenn man bedenkt, daß im Extremfall eine Kugel auf 19,50 m Entfernung getroffen werden muß. Richtung und Entfernung müssen stimmen.

Spielfeld

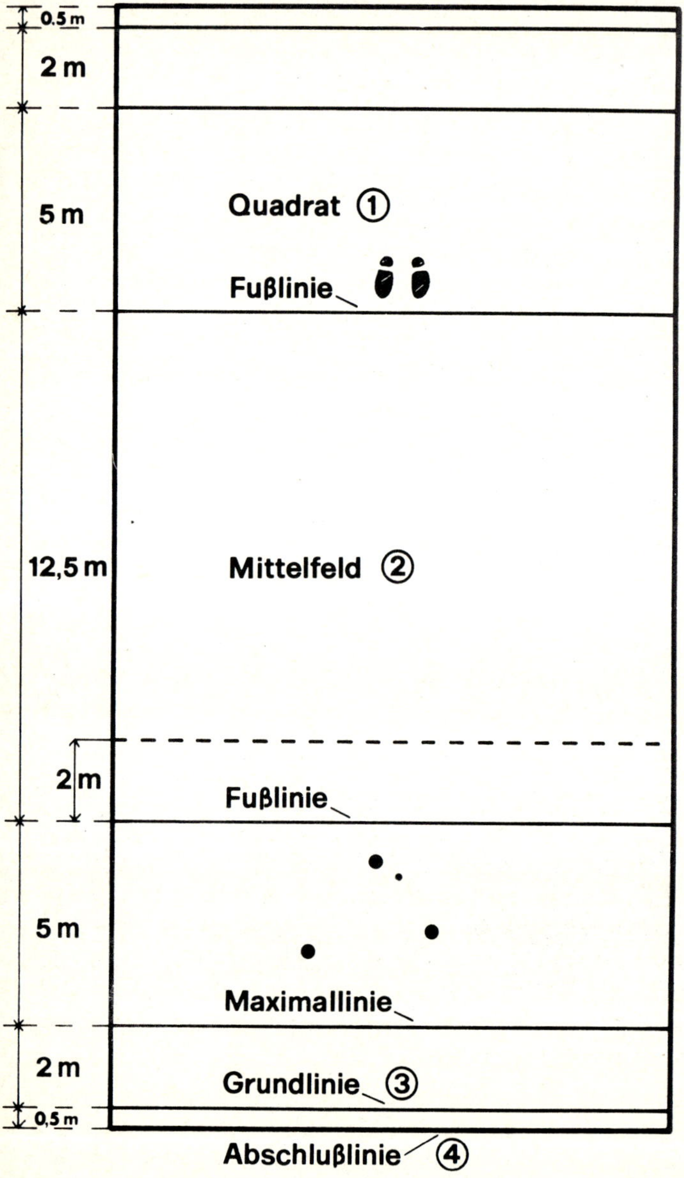

(die Breite der Abbildung ist nicht masstabgetreu)

Jeu Provençal

Der 1894 in Lyon stattgefundene erste Wettbewerb im Boule Lyonnaise wurde Anlaß, ein umfassendes Regelwerk festzulegen. Das Spiel wurde immer bekannter, machte sich auf den Weg die Rhône abwärts und erreichte schließlich das Mittelmeer. Dort angekommen wurde dem Reglement erst einmal die Strenge genommen, und die Kugeln wurden kleiner und leichter, denn die Südfranzosen wollten an dem Spiel Freude haben, ohne sich zu überanstrengen.
So entstand ein neues Kugelspiel in der Provence und wurde deshalb „Jeu Provençal" genannt, aufgrund der Distanz auch als „longue" bekannt.
Wir werden später noch sehen, wie aus dem Jeu Provençal das Pétanque-Spiel hervorgeht. Da dadurch Reglement und Ablauf beider Spielarten im Prinzip gleich sind und im Kapitel „Pétanque" ausführlich beschrieben werden, sind hier nur die wichtigsten, dem Jeu Provençal eigenen Merkmale beschrieben: Gespielt werden kann auf jedem Untergrund, doch muß die **Spielfläche** 3–4 Meter breit und mindestens 25 Meter lang sein. **Kugeln** und **Zielkugel** sind genau die gleichen wie beim Pétanque.

Vom **Abwurfkreis** wird die Zielkugel auf eine Distanz von 15 bis 21 Metern geworfen. Zum **Punktieren** tritt der Spieler in den Kreis, macht einen Ausfallschritt nach links oder rechts und zieht das andere Bein nach. Dieses aber darf den Boden nicht berühren, sondern der Spieler muß die Kugel auf einem Bein stehend spielen. Erst wenn die geworfene Kugel den Boden berührt, darf er das zweite Bein aufsetzen. Verschiebt eine punktierte Kugel das Ziel oder eine andere Kugel um mehr als 4 Meter, so ist der Wurf ungültig, und die Kugeln werden auf ihren alten Platz zurückgelegt.

Noch schwieriger ist das **Schießen**: Hierbei muß der Spieler vom Kreis aus drei Laufschritte vollziehen. Im Moment, da er am Ende des dritten Schritts den Fuß aufsetzt, wirft er die Kugel aus vollem Lauf. Der Schuß zählt nur, wenn die geworfene Kugel nicht weiter als 1 Meter von der anvisierten gegnerischen Kugel entfernt aufsetzt. Ist dies nicht der Fall, wird der Wurf als ungültig erklärt, und eventuell verschobene Kugeln werden auf ihren alten Platz zurückgelegt.
Schüsse „à la rafle“ sind somit nicht gestattet.
Berührt eine geschossene Kugel überhaupt keine andere oder die Zielkugel, so ist sie nur gültig, wenn sie weiter als 3 Meter von der Zielkugel entfernt liegenbleibt.
Es gehört viel Übung dazu, diese Schußart zu lernen, und nur wenige Spieler beherrschen diese Kunst perfekt.

Jeu Provençal wird auch heute noch hauptsächlich in der Provence gespielt. Es werden zwar Französische Meisterschaften veranstaltet, doch neun- von zehnmal werden sie von Spielern aus den Départements Var und Bouches-du-Rhône gewonnen.

III.

Pétanque

„... dieses friedliebende Spiel, das auf seiner Reise um die Welt langsam aber sicher zur Völkerverständigung, d.h. zum Frieden, beiträgt."

Marcel Pagnol

Pétanque

– **Ausrüstung**	Die Kugeln Die Zielkugel Lappen und Meßgeräte Spielfeld
– **Spielablauf**	Die Mannschaften Die Partie Der Abwurfkreis Die Zielkugel
– **Wurftechnik**	Richtige Haltung der Kugel Pointer: Legen, Punktieren Tirer: Schießen
– **Taktik**	Die Wahl der Spielfläche Die Entfernung zur Zielkugel Dem Gegner voraus sein Erst denken, dann spielen Das Psychologische Spiel

– **Pétanque in der Bundesrepublik Deutschland**

– **Pétanque-Weltmeisterschaft**

Es geschah in La Ciotat an einem schönen Junitag im Jahre 1910.

Jules-le-Noir saß gesenkten Hauptes auf einer Bank. Nur ab und zu hob er den Kopf und schaute zu seinen Freunden hinüber, die sich in einiger Entfernung von ihm an einer Partie Jeu Provençal erfreuten. Und er, er war traurig, der arme Jules, denn ihn plagte schmerzendes Rheuma, das ihm unmöglich machte, seinem Lieblingsspiel zu frönen. Die drei Anlaufschritte zum Schießen bereiteten ihm doch zu große Qualen. Ausgerechnet er, ein Meister dieser Kunst.

Jules stieß gerade einen langen Seufzer aus und wollte wieder in sich zusammensinken, als sein Freund Ernest Pitiot sich zu ihm setzte. Ernest kannte die Leiden des alten Champion, und er hatte eine Idee:

– Wir spielen einfach auf eine kurze Distanz, ohne Anlauf und mit geschlossenen Füßen (provenzalisch: „péd tanco“; französisch: „pieds tanqués“).

Gesagt, getan; die Partie war kurzweilig und wurde so leidenschaftlich geführt, daß die beiden am nächsten Tag weiterspielten und die folgenden Tage auch.

Jules fand seine Lebensfreude wieder, während das Spiel über La Ciotat hinaus bekannt wurde, Marseille eroberte und schließlich die ganze Provence.

La Pétanque war geboren.

Ausrüstung

Pétanque hat gegenüber anderen Spielen viele Vorteile: Es ist für jedes Alter geeignet und vor allem jeder sozialen Schicht zugänglich, da es überall gespielt werden kann, also keine kostspieligen, speziell präparierten Plätze benötigt und der notwendigste Ausrüstungsgegenstand, die Kugeln, für jeden erschwinglich sind.
Wer es nicht glaubt, soll Golf spielen.

Die Kugeln

Ein paar große und mehrere kleine Hersteller sorgen dafür, daß in Frankreich jährlich mehr Boules als Zahnbürsten verkauft werden.
Viele Spieler schwören auf ‚ihre' Marke, und es gibt tatsächlich qualitative Unterschiede, doch soll hier niemand benachteiligt werden.
Aber: Von der Industrie werden Billig-Kugeln zu 10–15 Francs pro Stück angeboten, schön in Holz- oder Plastikköfferchen eingebettet oder in Lederriemen verpackt, die häufig wertvoller als die Kugeln sind. Von diesen Kugeln kann ich nur abraten, weil sie unrund und empfindlich sind. Man hat auf keinen Fall lange Freude daran.
Hier ist es wirklich mal besser, etwas Teureres zu erstehen, Kugeln mit 1–3jähriger Garantie sowie Gewichts- und Durchmesserangabe ab 25–30 Francs das Stück.
Es werden auch nach eigenen Gewichts-, Härte- und Durchmesserwünschen peinlich exakt konstruierte Luxuskugeln mit Initialen für bis zu 60 Francs pro Stück hergestellt, doch reichen die Grundmodelle der vom Verband zugelassenen Marken fürs erste einmal aus; als da sind:

La Boule Bleue R. Rofritsch
Boules Elte

La Boule Intégrale
Boules Ideale
Boules JB
La Boule Noire E. Couloubrier
La Boule Obut
Boules Vannucci

Hinzu kommen:

Boules Popula
Boules Ton'r

Der französische Pétanque-Verband wacht über die Kugelhersteller und läßt nur Kugeln zu, die folgenden Bestimmungen entsprechen:

- Die Kugeln müssen aus Metall sein;
- der Durchmesser muß zwischen 70,5 mm und 80 mm liegen;
- die Kugeln müssen ein Gewicht von mindestens 620 g und höchstens 800 g haben;
- Gewichtsangabe und Zeichen der Herstellerfirma müssen eingraviert und immer gut lesbar sein.

Beim Kauf also darauf achten!

Welche Gewichts/Durchmesser-Kombination am besten in der Hand liegt, wird jeder Spieler mit der Zeit für sich selbst herausfinden; allgemein ist es vorteilhaft, kleine und schwere Kugeln zum Punktieren, große, aber etwas leichtere zum Schießen zu verwenden.

Sind die richtigen Kugeln gefunden, sollte man immer mit den gleichen spielen, da nicht nur Übung, sondern auch Gewohnheit die Präszision ausmacht. Und kommst du mal in die Verlegenheit, mit fremden Kugeln spielen zu müssen, dann hast du wenigstens eine gute Ausrede parat.

Der französische Boule-Crack Bébert de Cagnes legt sich jedes Jahr 5 g leichtere Kugeln zu, denn sein „Arm ermüdet mit der Zeit".

Zur Herstellung der Kugeln:

Pétanque-Kugeln, wie wir sie heute kennen, werden seit den zwanziger Jahren hergestellt.
Da ich mir als Laie überhaupt nicht vorstellen konnte, wie aus einem Klumpen Stahl eine so schön runde Kugel gemacht wird, besuchte ich einen Hersteller in Toulon. Was mir in diesem Handwerksbetrieb ausführlich und mit einem gewissen berechtigten Stolz geduldig erklärt wurde, ist hier kurz zusammengefaßt.

Der Stahl wird in mehrere Meter langen und etwa 4 cm starken Rundstangen geliefert. Je nachdem, welches Gewicht die Kugel am Ende des Prozesses haben soll, werden die Stangen in 8–10 cm lange Stäbe geteilt. So ein Stab wird erhitzt, gebogen und bei über 1000^0 C zu einer flachen Scheibe gepreßt. Die Scheibe wird ausgetieft, bis eine symmetrische, hohle Halbkugel entsteht.
Durch eine Schrägkante am Rand der 1 cm starken Halbkugel lassen sich zwei Hälften zu einer Kugel elektrisch zusammenschweißen. Die Roh-Kugel ist fertig. Nun kommt sie auf die Drehbank und erhält ihren Vorschliff. Die Schweißnaht wird geglättet, für die exakte kugelrunde Form und den ersten Glanz wird gesorgt.
In einem Quecksilberbad wird die Ausgewogenheit der Kugel getestet, bevor sie gewogen und gemessen wird. Es folgen die Gravuren; die genaue Gewichtsangabe, eine Kennzahl, das Zeichen der Herstellerfirma und ein bestimmtes Rillenmuster.

Jetzt hat die Kugel ihre Identität und kann vollendet werden.
Um eine bestimmte Härte zu erreichen, passiert die Kugel einen auf fast 900^0 C erhitzten Ofen und wird dann in einer Flüssigkeit mehr oder weniger schnell abgekühlt. In Nickel getaucht erhält sie eine Rostschutz-Grundierung, bevor durch ein Chrombad der letzte Schliff vollendet wird.

„Über eine trügerische Kugel
Höhle eine Seite der Holzkugel aus, fülle Blei hinein und schließe das Loch so, daß die Arglist unerkannt bleibt; ihr werdet mit Freude sehen, daß die Kugel, auch wenn sie gerade geworfen wird, zur Seite abdreht, weil eine Seite schwerer ist als die andere und die Kugel deshalb nicht geradeaus rollen kann.
Diejenigen, welche die Kugel so zu drehen wissen, daß der schwerere Teil der rollenden Kugel immer oben und unten ist, können sie gerade spielen.
Doch demjenigen, dem die List verborgen bleibt, wird die Kugel, ist der Schwerpunkt seitlich, schräg davonrollen."

Claude Prost, 1642

Manipulierte Kugeln:

Dieses alte Zeugnis ist nicht etwa nur ein möglicher Inspirator des späteren Boule de Fort, sondern das älteste Rezept für manipulierte Kugeln. Was damals bei unseren grauen Vorfahren mehr als Posse gedacht war, dient heute, wenn um Geld gespielt wird, einem eigennützigen Zweck, und der ist, wie wir aus der Eingangs-Legende wissen, schändlich. Doch wo es etwas zu gewinnen gibt, sind auch Falschspieler.
Die Regel besagt: „In den Hohlraum der Kugeln dürfen keine Substanzen nachträglich eingebracht werden" (Artikel 2,d). Die Franzosen nennen derart unerlaubt behandelte Kugeln „boules farcies", gefüllte Kugeln. Wie funktioniert das und woraus besteht die Füllung?
Die verschiedensten Substanzen lassen sich durch ein kleines Loch in den Hohlraum der Kugel einbringen. Pfiffige Spieler haben es schon mit Sand oder Blei versucht, die allerschlausten fanden schließlich die ideale Füllung: Quecksilber und Wolle.
Quecksilber hat den Vorteil seines hohen spezifischen Gewichts und ist das einzige Metall, das bei normalen Lufttemperaturen flüssig ist. Ist zusätzlich genügend Wolle in der Kugel,

vermischt sich bei Erschütterung das Quecksilber mit ihr. Die gefüllte Kugel ist nicht nur schwerer als durch die Gravur (falls diese nicht auch manipuliert wurde) angegeben, sie ist vor allem träger als normale Fabrikate. Durch diese Trägheit reagiert sie nicht so empfindlich auf Bodenunebenheiten, Neigungen der Spielfläche, und setzt sicherer auf.

Der Unterschied zwischen regelgerechten und manipulierten Kugeln ist mit bloßem Auge nicht sicher festzustellen, und bevor man einen Spieler des Betrugs bezichtigt, muß die suspekte Kugel genauestens beobachtet werden. Natürlich gibt es Testmöglichkeiten: Die gefälschte Kugel dotzt z.B. auf Asphalt weniger als andere. Um aber ganz sicher zu gehen, hat der Verband speziell konstruierte Eisenschienen entwickelt, auf denen die Testkugel durch eine Senke rollen muß. Bleibt die Kugel in der Senke liegen, ist sie manipuliert.
Einem auf diese Weise ertappten Spieler wird für 15 Jahre die Lizenz entzogen. Durch diese hohe Strafe und die Wachsamkeit der Veranstalter sind diese betrügerischen Machenschaften heute aus den offiziellen Turnieren verschwunden, so scheint es wenigstens ...

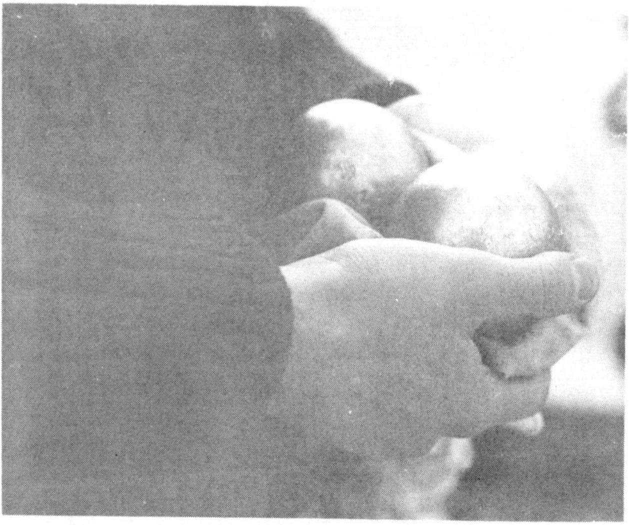

Die Zielkugel

Um sie dreht sich das ganze Spiel. Sie ist der eigentliche Chef im Ring und spielt mit jedem Bouliste „Mensch ärgere Dich nicht“. Dabei ist das Ding nur eine kleine Holzkugel von 30 mm Durchmesser, aber unbestrittener Mittelpunkt jeder Partie und häufig Ursache von Streit, Diskussionen und theatralischen Ausbrüchen.
Entsprechend zahlreich ist die Namensgebung (siehe Vokabular); am geläufigsten sind die Bezeichnungen „but“ (Ziel), „bouchon“ oder „cochonnet“. Letzteres bedeutet „Schweinchen“, wobei in deutsch häufig auch die Bezeichnung „Sau“ zu hören ist. Hierbei achte man besonders auf die unterschiedliche Betonung.

Lappen und Meßgeräte

Das sind zwei recht nützliche Utensilien.
Eine mit Matsch oder Dreck beklebte Kugel liegt halt nicht so gut in der Hand wie eine mit Lappen geputzte.
Meßgeräte sind dazu da, den Streit, welche Kugel denn nun am nächsten liegt, zu schlichten. Es gibt da die raffiniertesten Ausführungen speziell für Boules, doch muß man sich so etwas nicht unbedingt zulegen. Ein Strohhalm tut es auch. Der Phantasie sei da keine Grenze gesetzt.

Spielfeld

Pétanque kann überall und auf jedem Untergrund gespielt werden. Bevorzugt aber wird fester Grund, der mit einer dünnen Sandschicht bedeckt ist. In Frankreich wurden, nachdem die meisten Marktplätze dem Asphalt zum Opfer fielen, eigens für Boules-Spieler neue Plätze, sogenannte Boulodromes, errichtet, die alle eine derartige Bodenbeschaffenheit aufweisen. Für Turniere wird die Spielfläche manchmal begrenzt, muß aber 3 bis 4 Meter Breite und mindestens 15 Meter Länge aufweisen.

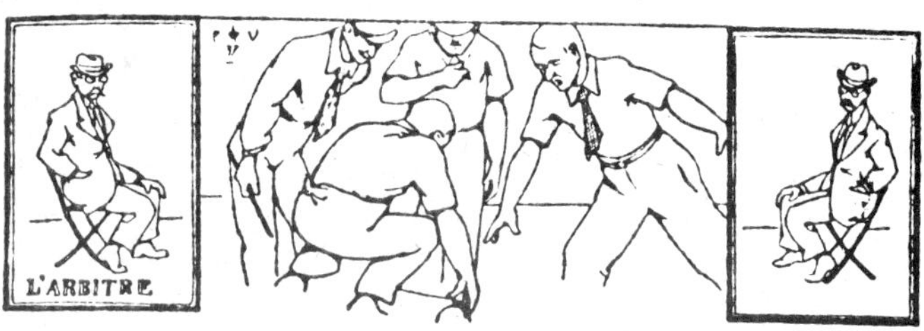

Spielablauf

Ziel des Pétanque-Spiels ist, seine Kugeln näher an die Zielkugel zu spielen als der Gegner.
Dies hört sich so erst einmal ganz simpel an, doch hat man schließlich ein paar Kugeln hintereinander auf die gleiche Zielkugel gespielt, stellt man große Unterschiede in Richtung und Entfernung zur Zielkugel fest.
Natürlich lernt niemand durch Lektüre dieses Buches oder durch einen Erfahrungsaustausch bei einem Glas Pastis, seine technische Fertigkeit zu verbessern, sondern nur durch Praxis. Dem Anfänger jedoch kann dieses Kapitel dazu dienen, nicht ganz so ahnungslos an das Pétanque-Spiel heranzugehen.

Die Mannschaften

Es stehen sich immer zwei Parteien gegenüber, jede verfügt über die gleiche Anzahl Kugeln. Folgende Formationen sind üblich:

1 Spieler gegen 1 Spieler (tête à tête) – 3 Kugeln pro Spieler
2 Spieler gegen 2 Spieler (doublettes) – 3 Kugeln pro Spieler
3 Spieler gegen 3 Spieler (triplettes) – 2 Kugeln pro Spieler

Die Partie

Durch Losentscheid erhält eine Partei die Zielkugel zugesprochen und darf sich das Spielfeld aussuchen. Dort wird ein Abwurfkreis von 35 bis 50 cm Durchmesser gezogen, von dem aus die Zielkugel auf eine Entfernung von 6 bis 10 Metern geworfen wird. Die erste Aufnahme hat begonnen.
Die gleiche Partei, die die Zielkugel geworfen hat, spielt auch die erste Kugel. Danach ist die Gegenpartei an der Reihe. Sie

muß nun versuchen, näher an die Zielkugel zu spielen, als die erste Kugel des Gegners liegt. Schafft sie es nicht mit der ersten Kugel, so müssen sie eine zweite spielen oder versuchen, die gegnerische Kugel wegzuschießen. Auf jeden Fall sind sie so lange am Spiel, bis eine ihrer Kugeln der Zielkugel am nächsten liegt. Dann ist der Gegner wieder an der Reihe usw. Sind alle Kugeln geworfen, ist die Aufnahme beendet, und die Punkte können gezählt werden. Die Partei, die eine oder mehrere Kugeln näher an der Zielkugel liegen hat als die nächste des Gegners, erhält für jede Kugel einen Punkt. Sind der oder die Punkte gezählt, werden die Kugeln aufgehoben, ein neuer Abwurfkreis gezogen, und die Zielkugel wird zur zweiten Aufnahme von der Partei neu geworfen, die den Punktgewinn erzielte. Die Partie ist beendet, wenn eine Mannschaft 13 Punkte erreicht hat.

Der Abwurfkreis

Beide Füße müssen im Kreis stehen und dürfen die Kreislinie nicht berühren. Der Spieler darf den Kreis erst verlassen, wenn seine Kugel den Boden berührt hat.

Die Zielkugel

Der Wurf der Zielkugel ist nur gültig, wenn
- sie zwischen 6 und 10 m vom Kreis entfernt liegen bleibt,
- sie mindestens 1 m von einem Hindernis oder für ungültig erklärter Zone entfernt liegen bleibt,
- sie vom Abwurfkreis aus sichtbar ist.

Eine Mannschaft hat drei Versuche, die Zielkugel regelgerecht zu werfen. Schafft sie es nicht, dann hat die Gegenmannschaft drei Versuche. Der Wurf der ersten Kugel bleibt aber bei der ersten Mannschaft.

Im Verlauf einer Partie ändert die Zielkugel häufig ihre Posi-

tion, beabsichtigt oder unbeabsichtigt. Das Regelwerk hat alle Eventualitäten erfaßt, hier aber nur einige Beispiele:

- Wird die Lage der Zielkugel durch einen Windstoß verändert, so wird sie an den ursprünglichen Platz zurückgelegt.
- Die Zielkugel ist nicht gültig, wenn sie in einer Pfütze frei schwimmt.
- Die Zielkugel wird ungültig erklärt, wenn sie im Verlauf des Spiels in den Abwurfkreis zurückrollt oder unauffindbar ist (!) oder in eine für ungültig erklärte Zone rollt.

Tritt dieser letzte Fall ein, wird folgendermaßen verfahren:

1. Haben beide Mannschaften noch Kugeln zu spielen, wird die Aufnahme annulliert und neu begonnen.
2. Hat nur noch eine Mannschaft Kugeln zu spielen, zählen die der Zielkugel am nächsten liegenden Kugeln unter der Bedingung, daß sie auf erlaubter Spielfläche liegen.
3. Sind alle Kugeln gespielt, zählen wie immer die der Zielkugel am nächsten liegenden Kugeln.

Ist die Zielkugel unauffindbar und hat nur eine der Mannschaften noch Kugeln zu spielen, dann erhält sie so viel Punkte, wie sie ungespielte Kugeln auf der Hand hat.

Wurftechnik

Pétanque kennt keine ideale Technik, keinen idealen Bewegungsablauf. Jeder Spieler entwickelt seinen eigenen Stil, doch die Erfahrung zeigt, daß gewisse technische Methoden vorteilhaft sind.

Richtige Haltung der Kugel

Die Hand wird so geformt, als wolle man Wasser daraus trinken. Lege die Kugel so in die hohle Hand, daß ein Maximum der Hand- und Fingerfläche mit dem Metall in Berührung kommt, wobei die Finger zusammen bleiben und die Kugel gerade genug drücken, um sie zu halten und ihr eventuell beim Abwurf eine Drehung zu verleihen. Die Finger niemals weit auseinander spreizen.

Beim Abwurf ist die Hand über der Kugel und nicht, wie etwa beim Kegeln, unter der Kugel. Dadurch wird es möglich, die Kugel „anzuschneiden", ihr einen gewünschten Effekt zu verleihen.

Pointer: Legen, Punktieren

Hierbei versucht der Spieler, seine Kugeln möglichst nahe an die Zielkugel ranzulegen.

Zwei Stellungen sind üblich:

1. stehend im Abwurfkreis,
2. kauernd im Abwurfkreis.

Welche der beiden Möglichkeiten gewählt wird, hängt mit der Beschaffenheit des Bodens und der Entfernung zur Zielkugel zusammen. Auf kurze Distanz ist es vorteilhaft, kauernd zu spielen, weil in dieser Stellung die Oberfläche des Bodens am besten abzuschätzen ist, während auf große Entfernungen (über 9 Meter etwa) leichter im Stehen zu spielen ist – es sei denn, das Terrain ist fest und eben, so daß die Kugel ohne besonderen Kraftaufwand weit rollt.

Generell lassen sich drei Wurfarten unterscheiden:

1. La roulette: die Rolle

Der Spieler läßt die Kugel kurz über dem Boden los, so daß sie sofort aufsetzt und den ganzen Weg zur Zielkugel rollt.

2. La demi-portée: der Bogenwurf

Die Kugel wird in leichtem Bogen geworfen und setzt etwa nach dem ersten Drittel und vor Beginn der zweiten Hälfte der Distanz zwischen Abwurfkreis und Zielkugel auf.
Der Aufschlagpunkt der Kugel muß gut gewählt werden, denn ist der Boden hart, kann die Kugel zu schnell werden, ist er weich, kann sie einsacken, und fällt die Kugel gar auf einen Stein, spritzt sie irgendwohin.

3. La porté: die Bogenkerze

Dies ist die schwierigste, aber auch spektakulärste Wurfart. Die Kugel wird so hoch und weit geworfen, daß sie nach dem Aufprall nur noch ganz kurz oder gar nicht rollt. Damit das auch gelingt, muß die Kugel kurz vor Abwurf durch die Finger einen Rückwärtsdrall erhalten, der beim Aufprall bremsend wirkt.

Tirer: Schießen

Mit dieser Wurfart werden störende gegnerische Kugeln weggeschossen.
Hierzu steht der Schütze im Kreis (selten sieht man auch kauernde Positionen), achtet auf sein Gleichgewicht, die Knie leicht gebeugt, holt er weit und gerade nach hinten aus. Genauso gerade schnellt der Arm nach vorne, und die Kugel wird je nach Entfernung früher oder später losgelassen. Die Kraft kommt ausschließlich aus dem Arm. Die Kugel soll einen leichten Bogen beschreiben, sie darf nicht zu fest und direkt, aber auch nicht zu hoch und leicht geworfen werden, denn: Schießen bedeutet nicht, eine Kugel gegen eine andere zu schleudern, sondern eine Kugel so loslassen, daß sie auf eine andere fällt.
Auf meine Frage „wie wird man ein guter Schütze?“ antwortete mir Boris, einer, der diese Kunst außergewöhnlich beherrscht:

„Ich lasse die Kugel los; den Rest macht der liebe Gott."
Ganz so einfach ist es natürlich nicht. Diese schwierige Wurfart erfordert Talent, Geschmeidigkeit, Gleichgewicht, Geschicklichkeit und viel, viel Übung.

Der klassische Schuß?

Die Kugel beschreibt einen leichten Bogen und landet direkt auf oder kurz vor der anvisierten Kugel und treibt sie weg. Beide Kugeln rollen in verschiedene Richtungen davon.

Das carreau

Die geworfene Kugel trifft die anvisierte Kugel voll in der Mitte und nimmt genau ihren Platz ein (carreau sur place). Rollt die Schuß-Kugel nach dem Aufprall noch ein kleines Stück, wird es „palet roulant" genannt; rollte die Schuß-Kugel gar in Richtung des Schützen zurück, so ist ihm ein „rétro" gelungen.

Der Flachschuß

Bei dieser Schuß-Variation wird die Kugel wuchtig über den Boden gerollt; von den Franzosen „rafle", „raspaillette" oder pejorativ „raclette" genannt, ist dies eine von ernsthaften Pétanque-Spielern ungeliebte Schußweise, weil sie nur auf ganz ebener Spielfläche erfolgversprechend ist. So kann der „racleur' auf welligem oder steinigem Terrain nur mit Glück treffen (falls er überhaupt mal trifft), und sollte gar eine eigene Kugel vor der störenden gegnerischen liegen, ist er mit seiner Kunst ganz am Ende.
Sollen jedoch zwei oder mehrere, dicht beieinander liegende gegnerische Kugeln mit einem Schlag auseinandergetrieben werden, ist der wuchtige Flachschuß dem klassischen Schuß überlegen – natürlich nur, wenn es die Bodenverhältnisse zulassen.

Taktik

Zielgenaue Wurftechnik allein macht noch keinen guten Pétanque-Spieler. Die Beherrschung der Taktik ist genauso wichtig.
Ein Anfänger, der mit erfahrenen Spielern zusammen ein „triplette" bildet, wird überrascht sein, Beifall von seinen Partnern zu ernten, obwohl seine Kugel ganze 30 cm vor dem Ziel liegengeblieben ist, und gelingt ihm endlich mal ein „biberon", winken seine Partner plötzlich enttäuscht ab und schütteln über ihn den Kopf. Er versteht das nicht.
Natürlich kommt es immer auf die Spielsituation an, z.B. ist ein „biberon" mit der letzten Kugel äußerst unvorteilhaft, wenn der Gegner noch Kugeln zu spielen hat.
Beispiele dieser Art gibt es unzählige, und nur die wichtigsten taktischen Grundzüge können hier erklärt werden, doch sie zeigen die Vielfalt der Variationen und den Reichtum des Pétanque-Spiels.

Die Wahl der Spielfläche

Per Los wird entschieden, wer das Ziel werfen darf und sich das Terrain aussuchen kann. Hier geht das taktische Geplänkel schon los: Ist vom Gegner bekannt, daß er auf weichem Boden am besten spielt, so führt man ihn auf eine harte Spielfläche – und umgekehrt. Oder sollte der Schütze in der Gegenmannschaft nicht aufs Eisen schießen können, sondern seine Kugel immer vorher aufsetzen lassen, wird er sich auf einem hoppeligen, steinigen Terrain unwohl fühlen und nicht mehr treffen. Ist der Gegner unbekannt, ist es natürlich am vorteilhaftesten, sich sein eigenes Lieblingsterrain auszusuchen, um ihn dort erst einmal zu studieren. Danach läßt sich das Terrain immer noch wechseln, falls erforderlich. Natürlich immer unter der Voraussetzung, daß die Aufnahme auch gewonnen wurde und man die Zielkugel werfen darf. Peinlich wird es, wenn du die Zielkugel überhaupt nicht mehr in die Hand bekommst . . .

Die Entfernung zur Zielkugel

Fast alle Spieler haben ihre Lieblingsdistanzen; die einen spielen lieber kurz, und die anderen wiederum lieber auf 10 Meter. Die Vorliebe des Gegners zu kennen läßt sich natürlich vorteilhaft nutzen.
Ist die Gegenmannschaft als sehr stark bekannt, mit einem ungewöhnlich guten Schützen, ist dieser auf 10 Meter durch konzentriertes Punktieren möglicherweise schlagbar, während du ihm auf kurze Distanz hoffnungslos ausgeliefert bist.
Ist der Gegner etwa gleich stark, sollte man, wenn möglich, unbeirrt sein Spiel spielen auf dem eigenen Lieblingsboden und auf die Entfernung, die einem am besten liegt.
Und ist die Stärke des Gegners völlig unbekannt, dann spiele die erste Aufnahme wie gegen einen als stärker einzuschätzenden, auf schwierigem Gelände und große Distanz. Diese erste Aufnahme gibt dann Gelegenheit, die Gegenmannschaft zu studieren und eventuell die Taktik zu ändern.
Bei einem Pétanque-Triplette spielt nicht streng einer nach dem andern, und auch der Spieler, der das Ziel geworfen hat, muß nicht die erste Kugel spielen. Fast immer ist es der Schütze, der die Aufgabe des Zielkugelwurfs auf seine gewünschte Distanz übernimmt und dann seinem Leger das Spiel überläßt.
Natürlich sprechen sich die Partner untereinander ab, und jeder kennt die Vorliebe des anderen.
All diese Tips sind für Turniere gedacht, denn wer wird schon bei einer Partie unter Freunden listig alle taktischen Register ziehen?

Dem Gegner voraus sein

Die Mannschaft, die das Los gewann, hat das Spielfeld ausgewählt, den Abwurfkreis gezogen und die Zielkugel auf die gewünschte Distanz geworfen. Das Spiel kann beginnen.
Wie vorteilhaft die Wahl des Terrains und der Distanz sein kann, wissen wir jetzt, doch nun kommt ein Nachteil: Diese Mannschaft muß auch die erste Kugel spielen und gerät so in einen zeitlichen Rückstand, d.h. der Gegner ist zeitlich im Vorteil. Um diesen Vorteil dreht sich das ganze Spiel, hier liegt das eigentliche Geheimnis des Pétanque-Spiels.
Worum geht es?

Der Zeitvorteil

Zur Verdeutlichung stellen wir uns eine Einzelpartie vor, in der sich Spieler A und Spieler B, jeder mit 3 Kugeln, gegenüberstehen.
A hat die Zielkugel geworfen und muß die erste Kugel plazieren. Diese Tatsache gibt dem Gegner einen Vorteil, denn A hat jetzt nur noch zwei Kugeln, während B deren drei hat. Natürlich hat A auch den Punkt, und B muß jetzt ebenfalls seine erste Kugel spielen, so daß der Vorteil also nur zeitlich ist. Doch der ist sehr wichtig und muß immer im Auge behalten werden, denn: B kann jetzt die Initiative ergreifen, er kann legen oder schießen – wie auch immer, muß er dafür sorgen, daß er den zeitlichen Vorsprung behält. Nehmen wir also rein theoretisch an, daß B mit seiner ersten Kugel den Punkt zurückgewinnt und A dadurch zwingt, seine zweite Kugel zu spielen. Geht das so abwechselnd immer weiter, bis alle Kugeln gespielt sind, gewinnt B aufgrund des zeitlichen Vorsprungs einen Punkt, obwohl A nicht schlecht gespielt hat und ebenfalls immer den Punkt zurückgewinnen konnte. Dies aber beweist die Bedeutung des Zeitvorteils. Zur ausgleichenden Gerechtigkeit muß nun B in der nächsten Aufnahme die erste Kugel spielen, und das

Spielchen könnte theoretisch genau umgekehrt so fortgesetzt werden, daß B diese Aufnahme aufgrund des zeitlichen Vorteils von A nicht gewinnen kann. Aber das ist natürlich nur Theorie, denn wohl noch nie wurde eine Partie nach 25 Aufnahmen von dem Spieler 13:12 gewonnen, der in der ersten Aufnahme erst als zweiter spielen mußte.

Der Kugelvorteil

Nicht nur der zeitliche Vorteil muß immer im Auge behalten werden, sondern auch der Kugelvorteil. Stellen wir uns folgenden Fall vor:

A plaziert seine 1. Kugel sehr gut und

B schießt mit seiner 1. Kugel, aber verfehlt.
Dadurch verliert er seinen zeitlichen Vorteil, denn er muß jetzt auch die 2. Kugel spielen.

B plaziert die 2. Kugel und gewinnt nicht den Punkt. Jetzt hat A 1 Zeitvorteil und 1 Kugelvorteil, denn B muß nun auch seine 3. und letzte Kugel spielen.

B plaziert die 3. Kugel und gewinnt den Punkt.

A schießt mit seiner 2. Kugel und trifft. Er hat wieder den Punkt und noch 1 Kugel auf der Hand.

A plaziert die 3. Kugel und gewinnt einen 2. Punkt hinzu.

In diesem Beispiel gewinnt A durch 1 Zeitvorteil und 1 Kugelvorteil 2 Punkte. Theoretisch ist also 1 Zeitvorteil 1 Punkt wert und 1 Kugelvorteil ebenfalls 1 Punkt.
Das ist natürlich nur Theorie zur Verdeutlichung des Spielvorteils. In Wirklichkeit kann 1 Zeitvorteil je nach Lage der Kugeln viele Punkte wert sein, oder ein Vorteil von mehreren Kugeln bedeutet noch lange nicht, daß derjenige die Aufnahme überhaupt gewinnt.
Was aber kann eine Mannschaft tun, die in einen hohen Kugelrückstand geraten ist, denn hier ist es mit ‚den Punkt halten' allein nicht getan. Es gibt zwei Möglichkeiten: Angriff oder Verteidigung. Was man auch wählt, der Wurf wird riskant werden und muß sitzen, sonst geht die Aufnahme hoch verloren.

Zur Verteidigung:
Hier versucht der Spieler, dem Gegner möglichst wenig Punkte zu ermöglichen, also den Schaden gering zu halten, indem er

- Kugeln in den Weg legt;
- seine Kugel an die gegnerische so anlegt, daß dieser sie nicht schießen kann, ohne die eigene mitzutreffen.

Zum Angriff:
Hier kann der Spieler

- auf eine eigene Kugel spielen, um sie mit reinzubringen; auf diese Weise hat er durch einen Wurf zwei Punkte liegen;
- auf das Ziel spielen und es zu eigenen Kugeln hintreiben;
- mit der vorletzten Kugel das Ziel schießen, denn ist das Spielfeld begrenzt und die Zielkugel überschreitet die Begrenzungslinie, wird die Aufnahme wiederholt, wenn beide Mannschaften noch Kugeln auf der Hand haben.

Fazit:

Den Zeit- und Kugelvorteil zu erkennen ist wichtig, weil er verschiedene Verhaltensmaßregeln nach sich zieht:

- Den Vorteil behalten bedeutet, die Möglichkeit wahren, Punkte zu gewinnen; den Vorteil verlieren bedeutet, dem Gegner die Initiative zu überlassen.
- Mit mehreren Kugeln im Vorteil muß immer so gespielt werden, daß mehr Punkte gewonnen werden, als Kugeln im Vorteil sind.
- Mit mehreren Kugeln im Rückstand muß immer so gespielt werden, daß der Gegner möglichst wenig Punkte erreicht.
- In der Nähe der Zielkugel müssen immer mindestens soviel eigene Kugeln liegen, wie der Gegner noch Kugeln auf der Hand hat.

Nur ein Spiel

4
DU HAST DOCH'N HAUSHOHEN KNALL, WEIßT DU DAS? SPIELEN WIR NUN BOULE ODER WAS IS??
GAR NICHT HINHÖREN. DEN HABEN WIR SPIELERISCH ZERMÜRBT, DAS IST ALLES.
5
OH, OH, OH!
6
DA VERLIERSTE DOCH DEN GLAUBEN AN DIE MENSCHHEIT.
EXAKT

Vom Choleriker und dem Phlegmatiker

Was Bébert durch Scherze erreicht, gelingt anderen, indem sie sich über den Partner, den Gegner oder gar die Zuschauer aufregen. Das sind dann die Choleriker. Sie brauchen ihre Zornesausbrüche, um sich wohl zu fühlen, um wieder sie selbst zu sein, wobei sie ebenfalls die Aufmerksamkeit der Zuschauer und vor allem der Gegner auf sich – und vom Spiel weg – lenken. Das ist kein Witz, das gibt es wirklich.

Auf dieses Temperament und die dahintersteckende List bin ich auch schon einmal hereingefallen: Während eines Doublettes-Turniers in Solliès-Village trafen wir im Viertelfinale auf zwei aufeinander eingespielte Routiniers. Das Spiel war anfangs verteilt, doch so langsam zogen wir Punkt für Punkt davon, und der gegnerische Schütze, der weniger traf als gewohnt, begann langsam an seinem gar nicht mal so schlecht spielenden Partner herumzunörgeln.

Beim Stande von 9:4 schließlich machte er seiner Unzufriedenheit Luft und schiß seinen Pointeur dermaßen zusammen, daß alle Herumstehenden erschrocken verstummten und sich unserer Partie zuwandten. Dem Pointeur schien die Schimpfkanonade zwar nicht gleichgültig gewesen zu sein, aber er wehrte sich überhaupt nicht und spielte seelenruhig gleich gut weiter. Irgendwie wirkte er abgestumpft.

Mit tat der so ungerecht behandelte Gegenspieler leid, und ich bekam schon ein schlechtes Gewissen, seine gut plazierten Kugeln wegzuschießen. Und siehe da, ich traf auch nicht mehr. Der gegnerische Schütze hingegen schimpfte wütend immer weiter, wurde von Aufnahme zu Aufnahme besser, sein treuer Partner warf bedächtig seine Kugeln, und plötzlich hatten sie 13:9 gewonnen.

Beim anschließenden gemeinsamen Pastis war die Gereiztheit des Schützen verschwunden, aber von seinem gutmütigen Partner wollte ich unbedingt wissen, ob er denn nicht sauer auf ihn sei: „Aber nein“, versicherte dieser, „er ist doch mein Freund und macht das immer so, wenn's schlecht läuft. Außerdem ha-

ben wir doch gewonnen, oder?"
Reingefallen!
Hüte dich vor solchen Spielern und lasse dich nicht von ihnen beeinflussen. Der aggressive, mißmutige Choleriker zieht sich an seinen unbotmäßigen Zornesausbrüchen hoch und bringt den Gegner gleichzeitig aus dem Konzept. Der gleichgültige Phlegmatiker wird es treu und kaltblütig dulden.

Vorsicht Falle!

Besonders listige Pétanque-Spieler kennen noch andere unsaubere Tricks, mit denen sie technische und taktische Überlegenheit der Gegenspieler auszugleichen suchen. Immer ist das Ziel, den Gegner aus der Konzentration zu bringen, indem sie ihm irgendetwas einreden, worauf dieser, durchschaut er den Frevel nicht, sein Bewußtsein hinlenkt:

– Da sind die Süßholzraspler, die jeden deiner Würfe beifällig kommentieren, unentwegt Komplimente machen, deine Wurftechnik bewundern usw. – Du fühlst dich geschmeichelt und sicher, du wagst riskante Spielzüge oder spektakuläre Würfe. Schon reingefallen!
– Da sind die „Klageweiber", die ewig Unzufriedenen, die dir Glück im Spiel bezeugen, deinen Erfolg angeblich neiden, dir gelingt alles, ihnen nichts. – Du bekommst ein schlechtes Gewissen, dein angeblich alleiniger Erfolg wird zur Last, du spielst unkonzentriert und hastig. Schon reingefallen!
– Da sind die Streitsüchtigen, die jeden Wurf anzweifeln, dir nie den Punkt zugestehen wollen, ohne zu messen oder alle möglichen Regeln zu diskutieren. – Dir wird es auf die Dauer zu viel und du bist nicht mehr Herr deiner Nerven. Schon wieder reingefallen!

Es gibt noch viele andere Methoden und zweifelhafte Typen; etwa die Maulhelden, die Übergutmütigen, die Pedanten, die Übernervösen (ansteckend), die Falschspieler oder die Märchenerzähler.

Aber, keine Angst, natürlich ist nicht jeder Fluch, nicht jedes Kompliment und auch nicht häufiges Nachmessen der Entfernungen arglistiger Psycho-Terror. Die hier aufgeführten Extrembeispiele existieren zwar, sind aber nur bei ein paar unseriösen, verbissenen Spielern anzutreffen. Die ganz großen Spieler haben solche Mätzchen nicht nötig, die, die es mal werden wollen, kennen alle Tricks in- und auswendig, wenden sie aber höchstens zum allgemeinen Amüsement untereinander an, und Anfänger, die diese Zeilen gelesen haben, fallen auch nicht mehr darauf rein.

Verwarnung – Tadel – zeitweiliger Ausschluß – völliger Ausschluß

Einige Fälle:

Mehrere **Lizenzen**, 5 Jahre Ausschluß aus dem Verband
Gefälschte Lizenz, 1 bis 5 Jahre Ausschluß

Unkorrektes Benehmen
Trunkenheit – Provokation – Ärgernis: Verwarnung, im Wiederholungsfall 2 Jahre Ausschluß

Unbegründetes Fernbleiben von offiziellen Wettbewerben nach der Qualifikation: 1- bis 5-jährige Disqualifikation von der Französischen Meisterschaft

Weigerung, sich einer Entscheidung des Schiedsrichters oder der Jury zu beugen: 6 Monate bis 1 Jahr Ausschluß

Manipulierte Kugeln: 15 Jahre unwiderruflicher Ausschluß

Beleidigung eines offiziellen Schiedsrichters während Ausübung seiner Funktion: 3 Monate bis 5 Jahre Ausschluß

Empfehlenswerte Psychologie

Die Gegenmannschaft ist sich unschlüssig: Legen oder Schießen? Nach genauer Studie der Lage kommen sie zu dem Schluß: Schießen!
Aber ganz überzeugt scheint der Schütze von dem Vorhaben doch nicht zu sein, und ein aufmunterndes Augenzwinkern zu deinem Partner, das soviel bedeutet wie „das wird ja doch nichts", wird dem Schützen bestimmt nicht entgehen.
Dein Partner punktiert die erste Kugel. Sie bleibt über 30 cm vor dem Ziel liegen, wodurch der Punkt für den Gegner leicht zurückzugewinnen ist. Sag zu deinem Partner: „Die Kugel ist zwar etwas kurz gespielt, sie liegt aber gut im Weg und kann stören." Mit diesem kurzen Satz machst du deinem Partner Mut, und der Gegner wird diese Kugel unter einem völlig neuen Gesichtspunkt betrachten.
Niemand kann einem verbieten, das eigene Spiel zu kommentieren oder sich mit seinem Mitspieler zu beratschlagen. So läßt sich auch eine technisch überlegene Mannschaft schlagen: Die Diskussion der Spielzüge wird auf sie nicht ohne Einfluß bleiben, sie sind sich plötzlich ihres gewohnten Spielaufbaus nicht mehr ganz sicher und begehen taktische Fehler.
Natürlich müssen diese psychologischen Kniffe geschickt und nicht übertrieben angewandt werden. Sie gehören zum Pétanque, sie gestalten das Spiel noch bunter, geben ihm eine weitere Dimension und uns einen letzten Beweis für den Reichtum dieser vergnüglichen Freizeitbeschäftigung.

Pétanque in der Bundesrepublik Deutschland

Auf welch wundersame Weise das Pétanque-Spiel geboren wurde, wissen wir ja jetzt aus diesem Kapitel. Vom Geburtsort La Ciotat aus verbreitete es sich erst einmal in der ganzen Provence, doch da diese herbe Landschaft schon vor vielen Jahrzehnten ein beliebtes Urlaubsziel der Franzosen war, in sieben von zehn Autos Kugeln auf dem Nachhauseweg im Kofferraum mitgeführt wurden, kannte bald ganz Frankreich dieses vergnügliche Spiel.
Paris wurde mit heute über 10.000 Lizenz-Spielern im Sturm erobert, eine Entwicklung, die dem Polizeipräfekt Maurice Papon so beängstigend erschien, daß er es in öffentlichen Parks verbieten wollte. Ein drohender Aufstand brachte ihn von seinem Vorhaben ab.

Das Pétanque-„Fieber" war also nicht aufzuhalten, machte auch nicht an Staatsgrenzen halt und eroberte schließlich die Bundesrepublik. Das hier stationierte französische Militär und viele Touristen verschleppten den „Virus" über den Rhein.

Deutsche Frankreich-Urlauber fanden Gefallen an dem Spiel, erstanden eigene Kugeln, um im heimatlichen Freundeskreis weiterzuspielen, wodurch Jahr für Jahr neue Pétanque-Liebhaber hinzugewonnen werden. Schon die Geschichte zeigt, daß sich auch viele Soldaten gerne diesem friedliebenden Spiel widmen. So gibt es in Achern, Baden-Baden, Berlin, Freiburg und anderen deutschen Städten, in denen französisches Militär stationiert ist, Boules-Klubs, die sich über neue Mitspieler freuen.
Einige der in der ganzen Bundesrepublik verstreuten Pétanque-Spieler fanden sich schon vor ein paar Jahren zu Klubs zusammen, bis schließlich auch der Verband als „notwendiges Übel" (Herbert Berg, Präsident) ins Leben gerufen wurde. Diese Dachorganisation koordiniert Termine der Klub-Turniere, richtet Deutsche Meisterschaften und Qualifikationsspiele für die Welt-

meisterschaften aus und dient neben den Klubs natürlich als Kontaktadresse für alle neuen Pétanque-Freunde:

Deutscher Kugelsport-Verband
– Pétanque –
Erpeler Straße 39
5000 Köln 41

Anschließend noch die Adressen aller zur Zeit bekannten deutschen Boules-Klubs:

Bacharach:	Boules Club Bacharach Flip Nau Rheinblickstr. 12 6533 Bacharach
Berlin:	Boulomanes Berlinois Michael Hornickel Krummestr. 2 1000 Berlin 45
Bonn:	1. Boules Club Pétanque Bonn Eberhard Toepfer Kreuzherrenstr. 53 5300 Bonn 3
Frankfurt:	Frankfurter Pétanque Club Dirk Amft Fichardstr. 4 6000 Frankfurt 1
Freiburg:	Badischer Pétanque Verein Schusterstr. 40 7800 Freiburg
Hochheim:	Pétanque Club Hochheim Christoph Braun Auf der Schlicht 14 6203 Hochheim
Kronberg:	Boules Club Kronberg Lisa Schmitz Frankfurterstr. 30 6242 Kronberg

Mainz:	Boules Club Mainz Heinz Punstein Philipp-Reis-Str. 2 6500 Mainz 42
München:	Pétanque Club München André Duez Johannisplatz 4 8000 München 80
Raunheim:	TSV Raunheim/Abteilung Boule Mainzerstr. 53 6096 Raunheim
Singen:	Boules Club Bodensee Im Iben 17 7700 Singen

Weltmeisterschaft

Seit 1960 organisiert die Fédération Internationale de Pétanque et Jeu Provençal (F.I.P. et J.P.) alle zwei Jahre (inzwischen sogar jährlich) Pétanque-Weltmeisterschaften für „triplettes".

Jedes Teilnehmerland darf zwei „triplettes" entsenden, der Vorjahrssieger und das Veranstalterland je drei. Seit der WM 1978 in Mons (Belgien) spielen auch zwei „triplettes" aus der Bundesrepublik mit, die jedoch keine Chance auf einen der vorderen Plätze haben und schon zufrieden sind, kein „fanny" zu kassieren. Dabei sein ist alles!

Gewonnen wird die WM natürlich meistens von Frankreich (bisher siebenmal) und Italien, doch auch die Schweiz (1973) und Spanien (1971) konnten sich schon in die Siegerliste eintragen.

Im vergangenen Jahr, 1979, war Southampton (Großbritannien) Austragungsort der 15. Weltmeisterschaft. Um zu zeigen, in welchen Ländern der Welt Pétanque gespielt wird, sind hier die 17 Teilnehmerstaaten aufgezählt:

Belgien, Bundesrepublik Deutschland, Frankreich, Großbritannien, Italien, Kanada, Luxemburg, Madagaskar, Marokko, Monaco, Niederlande, Schweiz, Senegal, Spanien, Tunesien, USA und Venezuela.

Die Bundesrepublik war wie im Vorjahr durch Mannschaften aus Bonn und Freiburg vertreten, die sich bei den nationalen Qualifikationsspielen in Freiburg durchsetzen konnten und einen beachtlichen Platz im Mittelfeld belegten. Für England spielen durchweg „Exil-Franzosen" und ein Halb-Franzose, ansonsten sorgten geschichtliche Verknüpfungen, Frankreichs Auswanderer und Tourismus für die Entwicklung des Pétanque-Spiels in anderen Ländern.

Weltmeister wurde übrigens wie im Vorjahr wieder Italien vor Monaco und Frankreich.

G. Rampon

C'est le Bon Vin

Le tireur a brillé par son adresse,
Son équipier a fait merveille au point;
C'est le Bon Vin!
Mais le tir vient de manquer de justesse
Et le pointeur perd sa boule on chemin;
C'est le Bon Vin!

L'emblème de la Terre, c'est la Boule,
Son sang vermeil et généreux qui coule,
C'est le Bon Vin!
Amis, trinquons et buvons à la ronde
Le trait d'union des boulistes du monde,
C'est le Bon Vin!

IV.

Boules-Folklore und Boules-Soziologie

„Boules-Spieler sind sowohl die friedliebendsten als auch die verrücktesten Menschen der Welt."

Balzac

Boules – Sport oder Spiel?

Mitte des 19. Jahrhunderts wurde Sport vor allem durch die Engländer Bestandteil moderner Zivilisation. Ursprünglich bedeutet das englische Wort „sport“ (hervorgegangen aus dem altfranzösischen „desport“ von „se déporter“ = sich amüsieren; 1828) nicht nur Leibesübung, sondern auch Liebhaberei und vor allem Spiel. Deshalb ist es eigentlich falsch, Sport und Spiel als zwei verschiedene Dinge gegenüberzustellen.

Es gibt aber auch keine gültige wissenschaftliche Definition, was denn Sport nun wirklich ist. Der Ökonom Bodo Harenberg nennt es nüchtern so: „Sport ist erstens die Möglichkeit, fit zu bleiben, oder zweitens, Geld zu verdienen. Dazwischen bewegt sich der Sport heute in unserer Gesellschaft.“ Für Pétanque trifft diese Definition zu, denn wie sehr dieser Sport in Form hält, zeigt sich bei älteren Spielern wie dem Vorkriegsmeister Charlot Oddera, der mit 72 Jahren noch an Turnieren teilnimmt, oder Alphonse Baldi, dem im Alter von 52 Jahren immer noch 18 carreaux auf 20 Schüsse gelingen. Und Spieler, die mit Pétanque ihren Lebensunterhalt bestreiten, gibt es auch.

Der moderne Sport wurde zu einem gesellschaftlichen Faktor höchster politischer und sozialer Bedeutung, so daß man heute erst einmal zwischen Freizeitsport und Leistungssport unterscheiden muß. Auf welcher Seite steht nun das Boules-Spiel (oder Boules-Sport?) in dieser Skala? Für die paar Pétanque-Profis und die Boule Lyonnaise-Spieler der 1. Division, die nur 0,005 % aller Lizenzspieler ausmachen, ist Boules vielleicht ein Leistungssport, doch für die vielen Millionen Spieler jeden Alters ist Boules ein Freizeitsport mit einer Spannbreite von ausgelassenem Spiel nach Feierabend oder beim Sonntagsausflug en famille bis hin zum anstrengenden, mehrtägigen Turnier.

Feierabend-Boules verschafft nach getaner Arbeit Bewegung an der frischen Luft, entspannt und ist somit gesund.

Ein großes dreitägiges Turnier hingegen erfordert schon ein gerüttelt Maß an körperlicher und geistiger Fitness, denn 10 bis 12 Stunden täglich auf dem Boules-Platz steht man nur mit viel Ausdauer und hoher Konzentrationsfähigkeit erfolgreich durch. Und so beeilen sich die Boules-Cracks, auch gleich zu beweisen, daß die verächtliche Volksmeinung, dieses Spiel sei „dumm und für Bewegungsfaule“, falsch, ja eine glatte Verleumdung von Ignoranten ist.

Man denke nur an den ‚tireur‘ des ‚jeu provençal‘, der aus dem Lauf eine 800 Gramm schwere Kugel auf eine Entfernung von 20 Metern schleudern muß, und nicht etwa irgendwohin, sondern präzise auf einen ganz bestimmten Punkt. Der athletische Charakter hierbei ist unbestreitbar.

Eine zweistündige tête-à-tête-Partie, bei der nur geschossen wird, stellt schätzungsweise den gleichen Energieverbrauch dar wie 1000 Meter Wettrudern. Achille Zavatta errechnete 1300 Armbewegungen während eines elfstündigen Turniers, bei dem er außerdem noch 25 km zu Fuß zurücklegte. Gewisse gestreßte Spieler sollen nach zweistündigem Kampf um Punkte sogar zwei Kilo Gewicht verloren haben.

Schließlich wird man auch nicht von heute auf morgen ein Pétanque-Meister. Dazu gehört neben Talent viele Jahre hindurch tägliche Übung, Tausende mißlungener Schüsse, viele auf dem Spielfeld zurückgelegte Kilometer und so manches „Fanny“, dessen man sich auch nicht schämen muß. Ist man dann ein großer Champion, muß auf körperliche Fitness geachtet werden, wie etwa der berühmte Joseph Locatelli, der einen Monat vor großen Turnieren dem Rauchen und Trinken entsagt, oder Gallarato, der beide Laster sogar ganz aufgab, um in Form zu bleiben. Als Galland 1958 mit seinem ‚triplette‘ Französischer Meister wurde, stand er während des fünftägigen Turniers jeden Morgen um 5 Uhr auf und machte einen 6 km-Waldlauf, um „gut in Fuß zu sein“.

Wie auch immer man Pétanque auffaßt, in Frankreich ist es mit 355.000 Lizenzspielern nach Fußball und Ski der drittgrößte Sport, für 15 Millionen Boules-Freunde in 20 Ländern ist es ein vergnügliches Spiel, und hat der Internationale Verband eines Tages 25 Länder in seiner Organisation vereint, will er dem Internationalen Olympischen Komitee einen Aufnahmeantrag senden ...

Ist Boules gefährlich?

Provenzalen sind keine erstarrten Salzsäulen. Die temperamentvollen Südfranzosen sind mit Leib und Seele beim Spiel, und wer kennt nicht ihre theatralischen Ausbrüche oder das Drama, das sie aus einer Partie Pétanque machen. Doch eine auch noch so verbissen geführte Partie, ein heftiger Streit mit dem Gegner oder noch so hitzige Beschimpfungen des Mitspielers, immer bleibt der Schlagabtausch rein verbal.

Ganz ungefährlich kann es natürlich nicht sein, wenn 800 Gramm schwere Metallkugeln durch die Luft geworfen werden, vor allem da häufig auf öffentlichen Plätzen gespielt wird. Eine voll getroffene Zielkugel, die sehr weit wegspritzen kann, zertrümmert schon mal eine Fensterscheibe, aber schwerwiegende Unfälle mit Personenschaden sind nicht bekannt. Mit dem Erwerb einer Lizenz ist der Spieler für alle Fälle, Personen- wie Sachschaden, schon mal versichert.

Doch haben Sie schon mal von der Partie Boules gehört, die 38 Menschen das Leben kostete? Die Mitglieder des Cercle des Boulomanes de Marseille hielten diese Tragödie in ihrer 1874 veröffentlichten Sammlung „Bouliana, prose et vers“ schriftlich fest. Und es handelt sich hier nicht etwa um Aufschneiderei, auch wenn sich die traurige Episode in Marseille ereignete, sondern um bittere Realität:

Am 28. April 1792, einem Sonntag, gingen einige Mitglieder der Bürgergemeinschaft zum Empfang der Nationalgarde, die in Arles einen Aufstand niederschlagen sollte und deren Rückkehr an diesem Tag erwartet wurde. Sie versammelten sich in einem der Säle des Klosters Récollets, Rue des Dominicaines, in dem auch Pulverfässer und Munition gelagert wurden. Da den jungen Leuten die Warterei zu lang wurde, nahmen sie einige Kanonenkugeln und begannen damit, eine Partie Boules zu spielen, ohne an die Gefahren zu denken, die sie bedrohten.

Ob durch einige unachtsame Raucher oder durch Aufprall der Wurfgeschosse auf den Sandstein-Platten aufkommende Funken, jedenfalls kam es plötzlich zu einer furchtbaren Explosion. Sie kostete 38 Menschen das Leben, und über 100 wurden schwer verletzt.

Marcel Pagnol
Auszug aus seinem Theaterstück „Fanny"

M. Brun (laut): Na, Kapitän, arbeiten Sie heute nicht?

Escartefigue: Nein, ich gehe zum Boules-Turnier des ‚Petit Provençal'.

Panisse: Wir gehören zur Jury. Wir warten auf den Präsidenten, Monsieur Gadagne, der uns abholen kommt.

César (mitleidsvoll): Zur Jury!! Das hat uns gerade noch gefehlt.

M. Brun (bewundernd): Zur Jury! Himmel Donnerwetter!

Escartefigue (bescheiden): Äh! Ja, Himmel Donnerwetter!

M. Brun: Aber ihre Fähre? Müssen sie nicht 24mal täglich übersetzen?

Escartefigue: Äh! Ja, muß ich machen, schließlich werde ich ja dafür bezahlt. Aber jedes Jahr, zur Zeit des Turniers, muß mein Boot aufs Trockendock zur Erneuerung des Unterwasser-Anstrichs. Und das dauert vier Tage.

M. Brun: Genau wie das Turnier.

Escartefigue: Seltsamer Zufall! Genau wie das Turnier.

Asterix: „Tour de France“

Das Pétanque-Theater und seine Stars

Boules-Plätze in der Provence sind nicht nur zum Spielen da, sondern täglicher Treffpunkt und Zentrum dörflichen Zusammenlebens. So sollen die Dörfer nicht um Kirchen, sondern um eben diese Boules-Plätze herum entstanden sein – sagt man. Viele davon sind heute leider dem Teer zum Opfer gefallen, die sogenannte Zivilisierung war halt auch hier nicht zu bremsen.

Spielst du als Reisender eine Partie mit Einheimischen, bist du schon kein ganz Fremder mehr und bekommst schnell heraus, mit wem du es zu tun hast, denn die Spieler gehen aus sich heraus, sagen, was sie denken oder auf dem Herzen haben, ohne ein Blatt vor den Mund zu nehmen. Deshalb soll es in der Provence auch keine Psychiater geben.

Außerdem machen Augenmaß und zielgenaue Wurftechnik noch lange keinen guten Boules-Spieler, sondern Intelligenz, Psychologie, gute Nerven und vor allem Redefertigkeit sind genauso wichtige Eigenschaften. Eine Partie Boules wird nicht gespielt, sondern diskutiert, wie auch folgender Dialog zeigt:
„Seit zwei Wochen habe ich kein Boules mehr gespielt."
„Ach ja? Wieso?"
„Ich konnte nicht, ich war völlig heiser."

Das darf natürlich nicht sein, denn man muß sich ja wenigstens mit seinen Mitspielern verständigen oder streiten können. Viele leidgeprüfte Partner des streitsüchtigen Papalino wissen da ein Lied zu singen, der, als er eines Tages mit einem Neuen zum Turnier erscheint, gefragt wird:
„Hast du den Partner gewechselt?"
„Ja, mit ihm werde ich mich wenigstens nicht streiten."
„Und warum?"
„Es war nicht einfach, so einen zu finden. Er ist taubstumm."

Richtig berühmt wurde Binder aus Marseille durch den Zirkus, den er auf vielen Boulodromes veranstaltete. Einen seiner

Partner, der vor lauter Aufregung weit daneben schoß, schrie er an:
„Du bist gerade gut genug, am Strand die Wellen zu zählen!“
Bei einer ähnlichen Situation zerriß er sich mit einer theatralischen Geste das Hemd und rief seinem Mitspieler mit bewegter Stimme zu: „Sag, sind es zwei Liter meines Blutes, die Du willst?“

So unterschiedlich die Charaktere, so verschieden auch ihre Reaktionen. Der eher kühle und zurückhaltende provenzalische Bergbewohner wird Freude durch ein Lächeln und Leid durch einen steinernen, unzufriedenen Gesichtsausdruck zeigen, während der temperamentvolle Anwohner des Mittelmeeres himmelhoch jauchzend – zu Tode betrübt ein Drama spielen wird, das einmal so beschrieben wurde: „Da kommt die letzte Kugel; sie rollt vor dem Spieler her, und ihr Verlauf spiegelt sich in seiner Mimik wider: er umhüllt sie, er beschützt sie mit seinem Blick, er gibt ihr Ratschläge; er möchte, daß sie seiner Stimme gehorcht, er beschleunigt oder bremst ihren Lauf, er feuert sie durch Gesten an und treibt sie mit Schulterbewegungen nach vorn, er mäßigt sie mit der Hand; auf Zehenspitzen tänzelnd, mit ausgestreckten Armen, das Gesicht durch die verschiedensten Regungen belebt, verleiht er seinem Körper die eigenartigsten Bewegungen, es erscheint, als sei seine Seele in die Kugel gewandert.“ [3]

Spiel, Gestik und Sprache machen so aus einer einfachen Partie Pétanque eine kurzweilige Theatervorstellung, zu der jeder hingehen kann und die nichts kostet. Und genau wie das Theater hat auch das Pétanque-Spiel seine Stars und seine Anekdoten.

Wer es zu etwas gebracht hat, bekommt auch einen Künstlernamen wie z.B. „Bébert de Cagnes“, bürgerlich als Albert Arcolao bekannt. Er ist nicht nur für seine Schußgenauigkeit, sondern auch durch seine Ruhe im Spiel berühmt. Schon 1950 gewann er das Escarène-Turnier. Während des ganzen Finales behielt er sein Kind auf dem Arm.

Einmal verlor er ein wichtiges Spiel nach 12:2-Führung noch mit 12:13. Er blieb ruhig, verzog keine Miene, sammelte seine Kugeln ein, ohne ein Wort zu verlieren, und warf sie ins Meer.

Beim Boules-Spiel ist alles möglich, wie jeder weiß, und auch der höchste Rückstand kann noch gerettet werden. Beweis: Alphonse Baldi, der „Bombardier“ aus Toulon, einer der erfolgreichsten Spieler, mehrmaliger französischer Meister, zweimaliger Gewinner des „Provençal“ (das „Wimbledon“ des Boules) und sechsmal Finalist, bestritt ein Turnier in Les Arcs, das so schnell nicht in Vergessenheit geraten wird. Er liegt mit 14:9 im Rückstand und hat die letzte Kugel in der Hand. Das Spiel scheint unabwendbar verloren. Die Zuschauer freuen sich bereits mit den vermeintlichen Siegern, als Baldi verkündet: „Mit diesem letzten Wurf werden wir das Spiel gewinnen ...“ Spöttisches Gemurmel, das er mit einer verachtenden Geste erstickt. „... ich mache ein carreau, meine Kugel rollt zurück und nimmt das Schweinchen mit zu unseren 5 Kugeln. 9 plus 6 macht 15, und wir haben gewonnen.“ Auf dem Platz ist es mucksmäuschenstill geworden. Baldi setzt an, wirft, und es gelingt ihm genau wie angekündigt. In der ganzen Provence spricht man heute noch davon.

Hier traf eine Voraussage einmal zu, doch dies kann man eigentlich nie mit hundertprozentiger Sicherheit sagen. Und ist es nicht gerade diese Unberechenbarkeit, die die Faszination des Boules-Spiel ausmacht?

Für Ungläubige hier ein Beispiel aus einem Jeu Provençal-Turnier: Das Finale steht 14:14. Rocca hat die letzte, entscheidende Kugel, die den Sieg bringen soll. Er fordert die Zuschauer auf zurückzutreten, „damit es keine Toten gibt“, denn er will die letzte Kugel in hohem Bogen über eine Platane spielen. Absolute Ruhe. Rocca nimmt Anlauf. Drei Schritte, und die Kugel schnellt aus seiner Hand. Die Richtung stimmt. Die Kugel steigt. Rocca ist auf einem Bein stehengeblieben, er hat vergessen, das andere zu entspannen. Alle folgen gebannt der Kugel. Plötzlich bricht ein Ast, Blätter fallen herab. Dann ist Ruie. Eine unwirkliche, bedrückende Ruhe: die Kugel ist nicht wieder heruntergekommen.

So langsam wird wohl jedem klar geworden sein, was alles hinter diesem Spiel steckt, oder?

Boules und Geld

In Frankreich treibe ich mich, so oft es geht, auf Boules-Plätzen herum, um mit ein paar Freunden einige entspannende Partien zu spielen. Wie wir von dem jungen Buckligen aus der Eingangs-Legende wissen (an Legenden soll man ja glauben, auch wenn es für diese keine Zeugen gibt), vertreibt dieses vergnügliche Spiel die täglichen Sorgen.

Meist wird „um die Ehre“ gespielt (es soll aber Leute geben, die da nichts mehr zu verlieren haben) oder um eine Runde Pastis, was ich – auch wenn ich verliere – am sympathischsten finde, da ein gemeinsamer Aperitif schon so manche oberflächliche Bekanntschaft vertiefte. Ich habe auch noch nie erlebt, daß ein Bouliste seinen gewonnenen oder verlorenen Pastis hinunterkippte, aufstand und ging – und schon gar nicht in der Provence.

Pétanque ist aber auch ein Spiel um Geld. Jedem unerfahrenen Spieler würde ich abraten, sich auf Partien einzulassen, bei denen es um Bargeld geht. Das erste Spiel wird er zwar gewinnen, damit er nicht die Lust verliert, die folgenden aber mit doppeltem Einsatz verlieren. Es gibt da Lokalmatadoren, die machen das im Sommer jeden Tag mit reichen, naiven Touristen; im Winter müssen sie dann in andere Dörfer fahren, in denen ihre Spielstärke noch nicht so bekannt ist.

Wird ein Spiel oder eine Sportart zu einer derartigen Perfektion entwickelt, wie es so manchem Pétanque-Star gelang, so kostet das außer Zeit und Training natürlich auch Geld. Bei fast allen Wettbewerben gibt es neben Sachpreisen auch Geldpreise zu gewinnen. In vielen Dörfern und Städten veranstalten Kneipen jedes Wochenende mit 100 bis 150 Mark dotierte Turniere, hinzu kommen 5 Mark Startgeld pro Teilnehmer. Das Geld wird schließlich unter den drei Erstplazierten aufgeteilt als zusätzliches „Taschengeld für Pastis und Zigaretten, weil sie von den Frauen zu Hause zu knapp gehalten werden", wie mir der Barkeeper Ali spöttisch erzählte.

Für andere wiederum sind diese Geldpreise nicht ein willkommener Zuschuß zum monatlichen Lohn, sondern ihre einzige Einnahmequelle. Das sind dann die Profis, die von Turnier zu Turnier reisen und die mehr oder weniger dicken Siegerprämien absahnen, bei größeren Veranstaltungen auch schon mal 1000 Mark und mehr.

Den wenigen ganz großen Spielern werden auch noch andere Verdienstmöglichkeiten angeboten: Der legendäre Bébert de Cagnes, der sich immer von seinem außergewöhnlichen Talent ernährte, wurde von einem Pastishersteller engagiert, um auf Schaukampf-Reise durch Nordafrika zu gehen.

Reiche Boules-Fanatiker, denen es nicht bei Geschäften, aber beim Pétanque an Geschicklichkeit mangelt, engagieren die Stars als Partner, um an deren Seite lukrative Partien zu bestreiten oder endlich mal eines der klassischen Turniere wie „Le Provençal" oder „La Marseillaise" zu gewinnen. Sie zahlen den Stars eine Pauschale, Spesen und überlassen ihnen gar die Siegerprämie; was bleibt ist ihr für immer in der Siegerliste eingravierter Name.

Robert Trovatelli, berühmt unter dem Namen „Otello", soll monatlich bis zu 6000 Mark an Preisgeldern kassiert und sich so ein Vermögen an Häusern und Grundstücken erspielt haben. Die Steuerfahnder rechneten ihm vor, daß er jährlich auf bis zu 200.000 unversteuerte Francs kommen müsse.

Mit dem Gesetz in Konflikt kam auch eine Bande von Boules-Spielern, die 1962 als „Gang de la Pétanque" ganz Frankreich zum Schmunzeln brachte. Die pfiffigen Jungs, unter ihnen Emile Agaccio – bekannt als „Buster Keaton", weil phlegmatisch, aber ein Meister des Pétanque-Fachs –, kamen auf folgenden Dreh: Einer unter ihnen markierte einen trotteligen Millionär, der nur darauf wartete, von Boules-Profis ausgenommen zu werden. Zu Beginn verlor der falsche Millionär natürlich (manchmal ließen die naiven Herausforderer ihn auch gewinnen, um ihn bis zu höheren Einsätzen bei Laune zu halten), verdoppelte aber ehrgeizig die Einsätze, die manchmal die 10.000-Mark-Grenze überschritten, bis er sich schließlich als Meister seines Fachs entpuppte und die Gegenspieler nach allen Regeln der Kunst ausnahm. Diese wiederum glaubten, der „Millionär" hätte nur mit Glück gewonnen, und bedrängten häufig seine „Sekretäre", die mit Anzug und Aktentasche den Spielen beiwohnten, „den Alten" noch ein bißchen hier zu behalten, sie müßten nur noch schnell frisches Geld holen. Man kann sich das Theater vorstellen, das bei diesen heiß umkämpften Partien gespielt wurde, doch auch der schönste Trick wird eines Tages durchschaut, und als die Affäre schließlich bekannt wurde, hatte die Bande bereits 1,5 Millionen Francs eingespielt (es traf keinen Armen). Die Sache kam vor Gericht, Agaccio mußte 18 Monate ins Gefängnis und ist seither in ganz Frankreich bekannt.

Dies alles sind natürlich seltene Ausnahmen. Für die Millionen Boules-Spieler ist Pétanque ein abendliches oder sonntägliches Vergnügen unter Freunden zwischen zwei Pastis geblieben. Mir fällt da auch gerade der französische Boules-Klub in West-Berlin ein, der jeden zweiten Sonntag reizvolle Turniere mit Sachpreisen veranstaltet, manchmal „à la mêlée", damit nicht immer nur die besten Boulomanes zusammenspielen. Wenn das Wetter es zuläßt, wird dann Mittags im Freien gegrillt und gemeinsam gegessen. Hört sich das nicht gemütlich an?

Es muß ja nicht immer Geld sein. Der provenzalische Schriftsteller Yvan Audouard weiß in seinem Buch „Pétanque et Jeu Provençal" von ganz anderen Anreizen für die Gewinner – und hier zeigt sich die wahre Seele des Pétanque-Spiels:

„Grand concours de boules

1. Preis: ein herrliches Kaninchen

2. Preis: ein schönes Kaninchen

3. Preis: ein Kaninchen."
Das dritte Kaninchen verdient wohl aufrichtigen Trost.

Eine andere Turnier-Ankündigung will er vor vielen Jahren am Fenster eines Cafés in Barbentane gesehen haben:

„Grand concours de pétanque
1. Preis: eine Flasche Pastis
2. Preis: eine halbe Flasche Pastis
3. Preis: ein prächtiger Kunstgegenstand."

Frauen und Boules

Bis vor etwa 15 Jahren war Pétanque ein Vergnügen, das den Männern (wie so vieles) vorbehalten war. Frauen hatten auf dem Boules-Platz nichts zu suchen, sondern standen zu Hause in der Küche und bereiteten das Essen vor, zu dem der Herr Gemahl schon wieder zu spät kommt, weil er noch schnell mit seinen Kumpanen „la belle" austragen muß. Angeblich bevorzugen Boulomanes Gerichte, die aufgewärmt sowieso besser schmecken.

In vielen Dörfern der Provence wurde allerdings einmal im Jahr eine Ausnahme gemacht: am Karnevalsdienstag (mardi gras), aber nur an diesem Tag, wurde den Frauen der Boules-Platz und die Kugeln überlassen. Die Männer ließen ihre Boules sozusagen „fremd gehen", standen schmunzelnd mit verschränkten Armen drumherum, und es soll sogar vorgekommen sein, daß einige der Herren vorsichtig Witzchen rissen. Aber darauf will ich jetzt nicht weiter eingehen.

Die Emanzipationsbewegung ging schließlich auch am Boulodrom nicht spurlos vorüber, Frauen dürfen inzwischen nicht nur in die Kneipe, sondern auch auf den Boules-Platz. Nicht allzu viele Damen machen davon allerdings Gebrauch. Es werden zwar Französische Meisterschaften, ja sogar Weltmeister-

schaften für Damen ausgetragen, doch sind die Teilnehmerzahlen kaum höher als bei einem besseren Sonntagsturnier im Hof hinter der Taverne.

Es gibt zwar viele Frauen, die ab und zu mal mitspielen, aber immer sind Männer dabei. Ich habe noch nie Frauen zum Zeitvertreib eine Partie Boules untereinander spielen sehen (mit einer Ausnahme, auf die ich später noch komme). Doch sind es tatsächlich nicht die Männer, die Frauen am Boules-Spielen hindern. Nein, genau das Gegenteil ist der Fall: Frauen, die zu einem Turnier antreten, können gewiß sein, die Männer unter den Zuschauern auf ihrer Seite zu haben und von überall Ansporn zu ernten. Auch wird kein männlicher Bouliste die Frau in der Gegenmannschaft verächtlich auf die leichte Schulter nehmen, weil sie meist talentiert punktiert und er so schon häufig eines Besseren belehrt wurde.

Im allgemeinen aber bleiben die Männer unter sich, doch nicht weil die Frauen es nicht wagen, in diese Domäne der Männer einzudringen, sondern weil sie dieses Spiel einfach für „dumm“ und Zeitverschwendung halten. Sie überlassen es gern den Männern, dieses kindische Spiel; naja, „wenn’s ihnen Spaß macht“, las ich einmal einen Kommentar.

Nun zu der bereits erwähnten Ausnahme, die das Verhältnis der Frauen zum Boules-Spiel treffend zusammenfaßt: In Pin-de-Galle, einer kleinen Cabanon-Siedlung in der Nähe von Toulon, treffen sich täglich die Großmütter des Dorfes zum gemeinsamen Pétanque-Spiel „en quadrette“. Ich kenne diesen Ort seit zehn Jahren und weiß deshalb, daß die Damen früher nie spielten (aber häufig zuschauten), sondern erst jetzt, da einige sich nur noch unter Anstrengung nach den Kugeln bükken können. Also fragte ich sie, warum sie nicht schon früher spielten, und erwartete eine Antwort wie „keine Zeit“ oder gar: „das war Männersache“ – doch es kam ganz anders: „Auf diese komische Idee sind wir nie gekommen.“

Durchgesetzt haben sich in Süd-Frankreich bis jetzt nur die sogenannten „concours mixtes“, bei denen eine Frau und zwei

Männer ein „triplette“ bilden. Im Gegensatz zu üblichen Turnieren werden diese komischerweise immer nachts unter Flutlicht ausgetragen. Ich habe nie verstanden, warum.

Wer ist eigentlich „La Fanny“?

„Teufel! Greuel aus höllischer Finsternis speiend, schuf la Pétanque einen widerlichen Ritus, einen irrsinnigen Brauch, bekannt, oh weh, in der ganzen Welt als ‚Baiser à Fanny‘. Allgemein veranschaulicht als ein Monster mit drei Körpern (in der Provence ‚triplette‘ genannt), in drei Hemdchen gekleidet sowie mit drei Schirmmützen als Kopfbedeckung, ist es mit neun Metallkugeln bewaffnet, die es unter lautem Getöse vor sich hertreibt, dabei laut grölt, herzzerreißend brüllt oder gotteslästerlich flucht. Allmächtig und unvorstellbar böswillig, verdorben, ja pervers, ist es für den Müßiggang und die chronische Drückebergerei der Südfranzosen verantwortlich.“ [4]

Dies ist eine von vielen Phantasien der Provenzalen über eine zur Folklore des Pétanque gehörende legendäre Figur: La Fanny! Sie war die Göttin des Boules zu Zeiten, da dieses Spiel noch in den Kinderbeinen steckte und ihr Kult noch mit Ehrfurcht betrieben wurde.

Alte Tradition wandelte sich in diesem Jahrhundert in einen Ritus, bei dem der unglückliche Verlierer einer Partie, erzielt er keinen einzigen Punktgewinn, das Hinterteil der „Fanny“ küssen muß. Und das nennen die Franzosen „embrasser la fanny“ oder „baiser à fanny“.

Die Herkunft des Namens „Fanny“ läßt sich nachvollziehen, während der Ursprung des Brauches ungewiß ist und sich nur erahnen läßt. Der beliebte Kosename Fannette für den weiblichen Vornamen Françoise heißt in der anglisierten Version „Fanny“. Im Cockney-Englisch ist „fanny“ weiterhin eine alte Bezeichnung für das weibliche Geschlechtsteil, erwähnt zum ersten Mal 1749 in dem pornographischen Roman von John Cleland, „Memoirs of Fanny Hill“. Im amerikanischen Englisch erfuhr der Sinn des Wortes eine Wandlung und bezeichnet hier umgangssprachlich den weiblichen Hintern, eben den Körperteil, den der Verlierer küssen muß. Unter Berücksichtigung dieser Tatsache und der gleichzeitigen Funktion des Wortes als weiblicher Vorname wird aus „Fanny“ so etwas wie ein personifizierter Po. Durch Voranstellung des bestimmten weiblichen Artikels „la“ weiß dann jeder, daß mit „La Fanny“ nicht irgendeine gemeint ist, sondern die „Fanny“ der Boules-Spieler.

Heute wird sie häufig in Plastiken dargestellt, die meistens ein junges, anmutiges Mädchen zeigen. In vielen Boules-Klubs steht eine derartige Plastik, und manchmal wird der für den Verlierer (und die Frauen?) ärgerliche Ritus mit viel Gelächter zelebriert. Gedacht ist er wohl als eine kleine Strafe, so wie man etwa bei einem Pfänderspiel einen Pfand abgeben muß, wird hier halt „La Fanny“ geküßt.

Durch Nizier du Puitspelu (Pseudonym für Clais Tisseur, 1827–1895, Lyon) und sein Werk „Littré de la Grand-Côte à l'usage de ceux qui veulent parler et écrire correctement“ weiß man heute noch von dem im vergangenen Jahrhundert angeblich gebräuchlichen Ausdruck „baiser le ... fond de la vieille“. Diese um einiges härtere Redensart (der Autor Puitspelu entschuldigte sich sogar dafür) muß dann zu Beginn des 20. Jahrhunderts mit der ehrwürdigen Tradition der „Fanny“ zu dem heutigen ungeschriebenen Gesetz des „baiser à Fanny“ verschmolzen sein, um den Boulomanes weiterhin das Fürchten zu lehren, denn „La Fanny“ ist „die einzige Frau, die mit Sicherheit niemals den Kopf verliert“ (Pierre Aguetant, 1929).

J. Gonindard

Ode à La Fanny

...
Laisse-nous, laisse-nous contempler ton visage!
Souris aux malheureux, et dis à ces vaincus
Lorsqu'ils auront baisé ta radieuse image,
Comptez-vous! maintenant vous êtes un de plus!

Taz Foto In Gorleben

V.

Vokabular – Glossar

Dieses Vokabular umfaßt alle wichtigen technischen Ausdrükke, die nicht immer genau übersetzt werden können, deren Sinn aber durch die Erklärungen deutlich wird.

Weiterhin habe ich Redewendungen und Sprüche – auch aus dem Argot – gesammelt, die sich nur schwer ins Deutsche übertragen lassen und Grundkenntnisse der französischen Sprache voraussetzen. Diese Zusammenstellung kann aber eine große Hilfe sein, den Jargon der Boules-Spieler zu verstehen und sich auf französischen Boules-Plätzen zurechtzufinden.

Es sind bestimmt noch mehr, auch lokale, Redensarten bekannt, doch mein Freund Charles, der das Manuskript unter Kennern zur Überprüfung herumreichte, hat nach eigener Auskunft „keine Begriffe mehr finden können, sondern eher dazugelernt" und sich „köstlich amüsiert".

Abkürzungen:

adj.	*Adjektiv*
eigtl.	*eigentlich*
f	*feminin, weiblich*
m	*maskulin, männlich*
okz.	*okzitanisch*
pl.	*Plural*
s.o.	*siehe oben*

A

acasser (S'): in die Hocke gehen, kauern

accordéon (jouer de l'): Akkordeon spielen; spielen, ohne von sich und seinen Fähigkeiten überzeugt zu sein.

accrocher (s'): sich wieder fangen; langsam und konzentriert spielen, um einen Punkterückstand aufzuholen.

accroupi: in Hockstellung

accroupier (s'): sich niederhocken (im Abwurfkreis)

ajouter: hinzufügen; weitere Punktgewinne erzielen, nachdem der Gegner bereits alle seine Kugeln verspielt hat.

aller jusqu'au bout: bis zum Ende gehen, zur Spitze vordringen; ungeschlagen bis in das Finale eines Turniers vordringen

allonge: Dieser Ausdruck wird verwendet, wenn eine Kugel nach einem „carreau" nicht genau den Platz der getroffenen gegnerischen Kugel einnimmt, sondern etwas über die Stelle hinausrollt.

allumer: anmachen; einen Gegenspieler wütend machen

anglais (point de l'): Wird ein Punkt genannt, der nicht gut erscheint, sich aber schließlich als schwer zu gewinnen herausstellt.

arnaquer: Punkte klauen, betrügen, beschummeln (Pariser Argot)

arnaqueur: m Betrüger (s.o.)

arrive!: Komm (an); Zuruf an eine zu kurz gespielte Kugel

asphyxier (s'): ersticken; den Gegner durch unaufhörliches Geschwätz stören (unseriös)

assaisonner: eigtl. würzen; eine Gegenmannschaft überlegen schlagen

assassiner: kaputt machen; eine Gegenmannschaft deklassieren

asseoir (Tu peux t'): Du kannst dich hinsetzen; sagt man zu seinem Partner, der durch einen guten Wurf die Gegner vor langwierige Probleme stellt.

asseoir (s'): eigtl. hinsetzen; „faire un carreau"

assieger: belagern (die Zielkugel); mehrere Kugeln sehr nahe um die Zielkugel herum liegen haben

atomiser: eine Gegenmannschaft hoffnungslos schlagen

avantage (avoir l'): im Vorteil sein; mehr Kugeln auf der Hand haben als der Gegner (Kugelvorteil)

B

bacéler: eine Kugel mit voller Kraft wegschießen

bader: wird gesagt, wenn der Boden leicht zu bespielen ist; z.B.: ... un jeu qui bade. (okz.)

baguette: f dünner Stab; unentbehrlicher Meßstab beim Boule Lyonnaise (siehe dort)

baiser fanny: Fanny küssen; eine Partie ohne Punktgewinn, also 0:13 oder 0:15, verlieren; auch: faire fanny, embrasser fanny

baiser le ... fond de la vieille: rauher Vorläufer des „baiser fanny"

balancier: m Balancierstange, Pendel; so wird der Bewegungsablauf des

Wurfarms beim Spielen einer Kugel bezeichnet.
banaste: f okz. banasta = corbeille = Korb; ungeschickter Spieler
baratiner: an der Nase herumführen
barrage: eigtl. Schleuse; Ausscheidungsspiele bei einem Turnier zur Erreichung einer günstigen Teilnehmerzahl (8, 16, 32, 64)
bati-bati: Lampenfieber; Angst zu verlieren (Marseiller Argot)
bec à bec: tête-à-tête; das Spiel einer gegen einen, drei Boules pro Spieler
beindéou: m Stoß, Wurf; wird ein gelungener, besonders kräftiger Schuß auf eine gegnerische Kugel genannt (Marseiller Argot).
belle (faire la): das Entscheidungsspiel austragen
béni: adj. mit viel Glück spielen
billes: f Murmel, Klicker; spöttisch für „boules" (Kugeln)
bol (avoir du): mit Glück spielen
bombarder: bombardieren; eine Kugel mit Kraft wegschießen
bombardier: m (s.o.); guter „tireur", mehr kraftvoll als zielgenau
bouchon: m Zielkugel
boule: f Kugel
boule devant, boule d'argent: alter Spruch unter Boulistes; eine kurz gespielte Kugel, die genau im Weg liegt, ist besser als eine Kugel hinter dem Ziel (alter Erfahrungswert).
boule sèche (tirer une): eine bestimmte Kugel aus einem Haufen Kugeln herausschießen, ohne die anderen zu berühren.
bouliste: m Boules-Spieler, Kugel-Spieler
boulodrome: m Kugelbahn; extra angelegter Boules-Platz
boulomanes: m pl. Boules-Spieler, Freunde des Boules-Spiels
boulomètre à tirette: m Meßstab aus Metall mit einem ausziehbaren Teil
braquage: m Ablenkungsmanöver durch Anstarren des Gegners, während dieser spielt (verboten).
bras-cassé: m schlechter „tireur"
bricoler: eigtl. basteln; ohne Methode und Taktik spielen
broque: f ungeschickter Spieler
bruit (faire du): Krach machen (durch Wegschießen gegnerischer Kugeln)
bugne à bugne: Einzelspiel, „tête-à-tête"
but: m Ziel, Zielkugel
biberon (faire un): eigtl. Schnuller; eine Kugel so an die Zielkugel spielen, daß sich beide berühren.

C

cadrage (partie de): Ausscheidungsspiel (siehe barrage)
cadre: m Spielfeld beim Boule Lyonnaise
cagade: f eine Kugel verfehlen und dabei auch noch alles erdenkliche Unheil zu seinem eigenen Nachteil anrichten
canner: la canne = Spazierstock; mit einem Spazierstock die Entfernungen abmessen
canonnier: m Kanonier; guter „tireur", mehr kraftvoll als zielgenau

carambolage: m Zusammenstoß; ein Wurf, bei dem durch eine Kugel mehrere andere versetzt werden.

caresser (une boule): eine Kugel streicheln (oder streifen), ohne ihre Position zu verändern.

carreau (faire un): eine Kugel derart werfen, daß sie genau den Platz der getroffenen Kugel einnimmt (carreau sur place)

carrée (faire une): ein Spieler hintergeht seine Partner und spielt für den Gegner.

casquette: f Mütze; beim Schießen wird eine Kugel oben, auf der „Mütze" getroffen.

casser: eine Kugel mit viel Kraft werfen („casse le jeu", „casse le bouchon" oder „casse la boule")

casser le bras: eigtl. den Arm brechen; bedeutet aber soviel wie „aus der Fassung bringen" – irgendjemand stört den „tireur", so daß dieser nicht mehr trifft („il me casse le bras").

casserole: f eigtl. Kochtopf; ungeschickter Spieler

ceinture (jeter la boule sous la c.): die Kugel unter die Gürtellinie werfen; wird über einen „tireur" gesagt, dessen Kugel weit vor der anvisierten gegnerischen Kugel aufsetzt.

cercle: m Abwurfkreis

cha-chaou (jouer à): auf kurze Distanz spielen

chambrer son adversaire: seinen Gegenspieler temperieren; ihn so stimmen, daß er leicht zu schlagen ist.

change la couleur!: wechsel die Farbe!; Aufforderung an den Partner, ein „carreau" zu machen.

chanson (faire sa): sein Lied singen; auch Witze erzählen während des Spiels, um den Gegner einzuschläfern oder aus der Konzentration zu bringen.

cheveux (toucher une boule par les ch.): eine Kugel an den „Haaren" (also oben) treffen

chiffon: m Lappen; unentbehrlich zum Reinigen der Kugeln vor jedem Wurf

chiquette: f eine Kugel wird nicht voll getroffen, sondern erhält nur einen leichten Klaps, der sie nur ein wenig versetzt.

choisie (z.B.: doublettes choisies): von „choisir" (auswählen); mit dem Partner seiner Wahl spielen (im Gegensatz zu „doublettes mêlées", wobei der Partner durch Los bestimmt wird)

choper: erwischen, mopsen; eine Kugel wegschießen (Midi Argot)

cinéma (faire du): etwa „Theater spielen"; mit viel Getue und Gesten spielen (auch: faire le cirque)

cochonnet: m Schweinchen, Zielkugel

coller à une boule: eine Kugel so spielen, daß sie an einer anderen anlehnt oder „klebt" („boules collées")

complémentaire: m Zusatzwettbewerb (für bereits ausgeschiedene Mannschaften und solche, die mal wieder zu spät gekommen sind)

concours de boules: Boules-Wettbewerb (Turnier)

consolante: f Trostrunde (von „consoler“ = trösten)
contre (faire un): wenn nach einem gelungenen Schuß die getroffene Kugel noch einige andere herumliegende Kugeln verschiebt.
cornichon: m kleine Gurke; selten gebräuchliche Bezeichnung für die Zielkugel
corse (mesure): ungenaues Messen (Grashalm, Gummiband usw.)
couloir: m Flur; Spalier, den Zuschauer um eine Partie Boules herum bilden
coup: m Wurf oder Schuß'
court (être c.): zu kurz spielen
cul (tirer dans le c.): in den Hintern schießen; eine Kugel voll auf der unteren Hälfte treffen
cul-blanc: blanker Po; wird eine hell glitzernde Kugel genannt, die sich zum Schießen regelrecht anbietet

D

défendre un (ou plusieurs) points: einen (oder mehrere) Punkte verteidigen. Eine gegnerische Kugel wird weggeschossen, um somit einen (oder mehrere) Punkte zu bewahren.
dégommer: einen ungeschickten „tireur“ absetzen (Midi Argot)
demain!: morgen!; Bemerkung an einen „tireur“ gerichtet, der einen Schuß verfehlt.
démarrer: starten, loslegen; konzentrierter spielen, nachdem man im Rückstand liegt („Il faut qu'on démarre!“ = es wird Zeit, daß wir anfangen).
demi-portée: f wurftechnischer Ausdruck; die geworfene Kugel setzt etwa in der Mitte zwischen Abwurfkreis und Zielkugel auf.
démolir: eigtl. zerstören; eine Kugel erwischen (Argot)
démonstration (faire une): einen Gegner „vorführen“, deklassieren
désastre: m Katastrophe; pathetische Bezeichnung einer ungünstig verlaufenden Spielphase
devant-de-boule: m seine Kugel so vor die gegnerische Kugel heranspielen, daß sie sich berühren. Der Gegner kann diese Kugel nun nicht wegschießen, ohne die eigene zu versetzen.
dimanche (Ce n'est pas toujours d.): Es ist nicht alle Tage Sonntag. Dies bedeutet: Man kann nicht immer Glück haben (und gewinnen).
Diou (A Diou!): provenzalisch für „Ach Gott!“
donnée: f die Stelle, an der die geworfene Kugel aufsetzen soll.
donner (ses partenaires): die Mitspieler hintergehen, für die Gegenmannschaft spielen
dos (tirer dans le d.): in den Rücken schießen; die gegnerische Kugel auf der hinteren Hälfte treffen
doublette: f Mannschaft mit zwei Spielern und drei Kugeln pro Spieler
draguer: die geworfene Kugel trifft eine andere und reißt sie mit sich.

E

écart: m Abstand zwischen dem Aufsatzpunkt eines mißlungenen Schusses und der anvisierten Kugel

écartée (jouer a l'): sagt man, wenn die gespielten Kugeln in großem Abstand um die Zielkugel herum liegen.

éclaircir le jeu (auch écarter le jeu): mit einem Schuß mehrere Kugeln aus der Nähe der Zielkugel wegschießen; das Spiel übersichtlicher und leichter gestalten.

éclats (attention aux): Vorsicht vor den Splittern (auch Knall oder Donner); ironische Bemerkung vor einem Schuß

élancer (s'): Verb für die Laufschritte des „tireur" vor Abwurf der Kugel (Boule Lyonnaise)

embouchonner: einen „biberon" nach dem anderen machen

embrasser fanny: ohne Punktgewinn (0:13 oder 0:15) verlieren

embrouille: den Gegner verwirren (z.B. durch Gesten)

empéguer (se faire): vom Schiedsrichter beim Pfuschen erwischt werden

encadrer: mehrmals auf eine Kugel schießen, ohne sie zu treffen; die Kugel wird von den Einschlaglöchern „eingerahmt".

escaner: schummeln, falsch spielen, Punkte klauen

escaneur: m Falschspieler (siehe oben)

estanquer: ein „carreau" machen

estraper: langsam und konzentriert spielen, den Aufschlagpunkt der Kugel präparieren usw. (geringschätzig gebraucht)

exister (ne pas): nicht vorhanden sein; widerstandslos verlieren

F

fabriquer (Ils les fabriquent): „Die machen sie selbst"; spöttische Bemerkung, wenn eine Mannschaft scheinbar mehr Kugeln spielt als die andere.

fache de con: Fluch, Ausruf der Enttäuschung, den man häufig auf den Boules-Plätzen im Midi hört (aus dem Provenzalischen)

fada: so bezeichnet man einen seltsamen und unerfahrenen Spieler (okz.).

faible (être): schwach; eine zu schwach geworfene Kugel, die weit vor der Zielkugel liegenbleibt.

faire les boules: zur Ermittlung der Mannschaftszusammensetzung werfen alle Spieler gleichzeitig eine Kugel; die drei der Zielkugel am nächsten liegenden spielen zusammen usw.

faire les mains: zwei spielen gegen einen.

faire passer: wenn beim Schießen die getroffene Kugel sich weiter von der Zielkugel entfernt als die geworfene Kugel.

faire ses boules: die glänzende Oberfläche von neuen Kugeln entfernen

fanfres (tirer aux): total daneben schießen (Midi Argot)

fanny (embrasser, faire, baiser): ohne Punktgewinn verlieren

farcie (boule): manipulierte Kugel; durch ein Bleigewicht o.ä. im Innern wird die Wurfgenauigkeit erhöht.
fer (tirer au; tirer plein): m eine Kugel aus der Luft voll „aufs Eisen" treffen
fers: m pl. Eisen; andere Bezeichnung für die Kugeln
fête (ce n'est pas toujours la): „Es ist nicht alle Tage Feiertag"; d.h. man hat nicht immer Glück.
feu (faire du): sagt man über eine Kugel, die beim Aufprall Funken versprüht.
fifre (jouer comme un): schlecht spielen
fignasser: peinlich genau, verbissen spielen
frapper une boule: eine Kugel wegschießen
fromage (boules en): Bezeichnung für Kugeln schlechter Qualität
frotter: eine Kugel wegschießen
fuser: sagt man über eine Kugel, die auf einem Stein aufkommt und wegspritzt.
fusiller: auf eine Kugel schießen und voll treffen

G

gagner au point: nur durch Punktieren gewinnen
gagner le point: den Punkt gewinnen; seine Kugel näher an die Zielkugel spielen als der Gegner
gagner la partie: das Spiel (die Partie) gewinnen; als erster 13 bzw. 15 Punkte erreichen
galéjade: f Scherz, Schabernack oder Spott
galéjer: Verb s.o.
galerie: f Gesamtheit der Zuschauer, die eine Partie verfolgen.
gamate: f ungeschickter Spieler (volkstümlicher Ausdruck)
garder sa boule dans sa main: die Kugel zurückhalten; sie beim Abwurf zu spät loslassen, wodurch sie zu hoch und nicht weit genug fliegt.
garder ses boules: seine Kugeln einbehalten; d.h. sie nicht spielen, weil der Punkt bereits gewonnen ist und mit den restlichen Kugeln höchstens noch Unheil angerichtet werden kann (sportlich?)
gari: m weiterer Ausdruck für Zielkugel (okz. Ursprung)
gauchi: m ungeschickter Spieler (volkstümlicher Ausdruck)
gendarme (le bouchon est un g.): Die Zielkugel ist ein Polizist; dieser Spruch ist zu hören, wenn die Kugeln weit von der Zielkugel entfernt liegen, so als hätten sie Angst vor ihr.

gié (sept à gié n'en mange gié = sept à zero, n'en mange pas): 7:0 wird nicht fressen, es wird behauptet, daß eine Mannschaft, die 7:0 führt, nicht gewinnen kann (alter Erfahrungswert).
gone: alte Bezeichnung für die Zielkugel
gonfler: großspurig reden; den Gegner durch Prahlerei stören
gourmand: adj. gefräßig; ein Spieler, der riskant spielt, um möglichst

schnell viele Punkte zu erspielen.
graton: m kleiner Stein; hindert den Lauf der Kugel.
grignoter: nur Pünktchen für Pünktchen vorankommen
gros-bras: m ausgezeichneter Spieler, nur schwer zu schlagen
guignol: m eigtl. Kasperle; Bezeichnung für Zielkugel

H

handicap: m Punktvorgabe, die einem schwächeren Gegner gewährt wird (aus dem Englischen).
haris: schlechter Punkt
heureux: adj. glücklich; mit Glück spielen
horser: zu lang, hinter die Zielkugel spielen
hors jeu: adj. abseits; so wird eine Kugel bezeichnet, die das erlaubte Spielfeld verläßt.

J

jeu provençal: m wird auf 15 bis 21 Meter gespielt; der „pointeur" macht einen Schritt aus dem Abwurfkreis und muß beim Abwurf auf einem Bein stehen; der „tireur" wirft die Kugel nach drei Laufschritten ab (siehe auch entsprechendes Kapitel).
jouer: spielen; gleichermaßen für „pointer" und „tirer" gebräuchlich
jouer nature: eine Kugel schön gerade spielen
jouer plus fort que le jeu: eine Kugel absichtlich fester rollen als zur Erreichung der Zielkugel notwendig, um eine andere Kugel auf dem Weg zur Zielkugel mitzureißen.

L

let: m Zielkugel
lisses (boules l.): adj. Kugeln ohne Rillen, völlig glatt
long (être): zu lang spielen; die Kugel rollt hinter die Zielkugel.
longue (jouer à la l.): andere Bezeichnung für „jeu provencal"
lyonnaise: f Spiel mit großen Bronzekugeln auf ganz ebener Spielfläche (siehe entsprechendes Kapitel)

M

mano a mano: „tête à tête" = einer gegen einen
marquer un point: einen Punkt gewinnen (oder mehrere, je nach Anzahl der am nächsten liegenden Kugeln)
marquer les boules (le but): mittels zweier Striche, die um eine Kugel (oder die Zielkugel) in den Boden geritzt werden, kann deren Position immer genau bestimmt werden (genaue Beschreibung im Kapitel „Boule Lyonnaise")
masqué: versteckt; bezeichnet eine Kugel, die vom Abwurfkreis schwer sichtbar ist, weil sie von einem Gegenstand oder einem natürlichen Hindernis (Baum, Wurzel etc.) verdeckt ist.
mélanger (se): vermischen; seine Kugel so werfen, daß sie in der Nähe mehrerer gegnerischer Kugeln liegenbleibt, sich mit ihnen vermischt.
mêlé (concours à la m.): ein Wettbewerb, bei dem die Partner ausgelost werden.
mène: f Aufnahme; der Zeitraum zwischen dem Abwurf der Zielkugel und dem Wurf der letzten Kugel; am Ende einer Aufnahme werden die Punkte gezählt; für eine Partie werden mehrere Aufnahmen benötigt.
mètre: m Metermaß
milieu (jouer le): beim „triplette" die Spielposition zwischem dem „pointeur" und dem „tireur"; wer in der Mitte spielt, sollte beides, sowohl legen als auch schießen, gut können.
mixte (concours): Wettbewerb, bei dem Männer und Frauen „doublettes" oder „triplettes" bilden; meist aber „triplette", aus zwei Männern und einer Frau gebildet.
mordre la raie: die Abwurflinie übertreten; ob absichtlich oder nicht, der Wurf ist immer ungültig.
mordre le cercle: nicht genau im Abwurfkreis stehen; auf die Linie treten (siehe oben).
mort (le bouchon; la boule): tot; rollt die Zielkugel oder eine andere Kugel über die vereinbarte Spielfeldbegrenzung hinaus, so ist sie tot (sie ist aus dem Spiel und zählt nicht mehr) – siehe hierzu auch die Spielregeln.

N

nari: m eine schlecht gespielte Kugel, ein leicht zu gewinnender Punkt
nocturne (concours en): adj. nächtlich; Wettbewerb, der nach Anbruch der Dunkelheit beginnt (unter Flutlicht).
noyer: versenken
noyer le but: die Zielkugel versenken; absichtlich oder unabsichtlich die Zielkugel so schießen, daß sie die vereinbarte Spielfeldbegrenzung überschreitet und das Spiel beendet.

noyou oder noyau: m Graben am Ende des Spielfeldes beim „jeu des grosses boules"; Kugeln, die dort hineinrollen, sind aus dem Spiel.

O

oreilles (toucher aux): an den Ohren treffen; eine Kugel seitlich oben treffen. Die Franzosen sehen die Kugeln menschlich und haben so alle möglichen Bezeichnungen für die Stellen, an denen sie eine Kugel treffen können: trifft er sie oben, so ist das auf den Kopf; streift er sie oben, so streift er die Haare; in der Mitte voll getroffen ist: voll in den Hintern; etwas seitlich ist in die Rippen, und trifft er von oben die hintere Hälfte, dann trifft er in den Rücken.

P

pailler: paille = Strohhalm; mit einem Strohhalm messen

palet (faire un): „faire un carreau"

palet roulant: m die geworfene Kugel rollt nach dem carreau noch etwas weiter.

paquet: m Packet, Bündel; tirer dans le p. = in einen Kugelhaufen schießen; prendre un p. = ein ganzes Bündel Punkte (also viele) verlieren

perdu (but): Zielkugel versenkt, unbespielbar

pétanque: f aus dem provenzalischen „péd tanco", also „pieds tanqués" = die Füße zusammen

petit: m der Kleine; Zielkugel

pied de jeu: m Fußlinie; siehe „Boule Lyonnaise"

pigeon: m eigtl. Taube, Schafskopf; naiver Spieler. plumer un p. = einen naiven Spieler ausnehmen

pitchoun: m seltenere Bezeichnung für die Zielkugel

plomber: spieltechnischer Ausdruck; die Kugel wird in hohem Bogen geworfen, so daß sie nach dem Aufprall kaum noch weiterrollt; auf deutschen Boules-Plätzen häufig als „plombieren" zu hören.

point (avoir le): den Punkt haben; der Zielkugel am nächsten liegen

pointer: im Unterschied zu „tirer" (schießen) der Versuch, möglichst nahe an die Zielkugel heranzuspielen; Übersetzungsmöglichkeiten: auf den Punkt spielen, legen, plazieren, punktieren, ranlegen, setzen

pointeur: m Nomen für s.o.; Leger oder Punktierer sagen manchmal deutsche Boules-Spieler.

portée: f die Kugel wird in hohem Bogen geworfen und kommt in der Nähe der Zielkugel auf.

pot (avoir du): Glück im Spiel haben

poussette: f die Zielkugel oder eine Kugel anstoßen und günstig verschieben
préparer la donnée: die Stelle, an der die Kugel aufschlagen soll, wird geprüft; häufig werden Steine verbotenermaßen entfernt.

Q

quadrette: f Spielformation beim „Boule Lyonnaise", vier gegen vier; die meisten großen Wettbewerbe werden in dieser Formation ausgetragen.
quadrillées (boules): Kugeln mit vielen Rillen

R

rabaille/rabaillette: unpopulärer Flachschuß; die Kugel wird mit viel Wucht auf eine gegnerische zugerollt.
raclette/rafle (tirer à la): Flachschuß (s.o.); der so spielende Schütze wird abfällig „racleur" genannt.
raies: f Spielfeldbegrenzungslinien beim „Boule Lyonnaise"
raspaille: f Flachschuß (s.o.)
recuire: weichglühen; Kugeln werden nachträglich weichgeglüht, damit die Oberfläche nachgiebiger wird (verboten).
recul: nach einem „carreau" rollt die Kugel in Richtung Abwurfkreis zurück.
reprendre le point: den Punkt zurückgewinnen; seine Kugel wieder näher an die Zielkugel spielen als der Gegner
reprise (faire la): bei Gleichheit der Kugeln den Punkt gewinnen
rétro: m das Zurückrollen der geworfenen Kugel in Richtung des Werfers nach einem „carreau"
rigole; rigolon: eigtl. Abflußrinne, Wasserlauf; Rinne im Boden, die den Kugelverlauf ganz natürlich auf die Zielkugel lenken kann.
rond: m Abwurfkreis (35–50 cm Durchmesser)
ronger le but: der Zielkugel sehr nahe sein
rouler: rollen; eine der drei Hauptwurfarten beim Legen (außerdem: portée und demi-portée)
roulette (jouer à la): die Kugel vom Abwurfkreis bis zur Zielkugel rollen (s.o.)

S

saronner: eine Kugel mit viel Wucht schießen
sautée (tirer à la): eine hinter einem Hindernis liegende Kugel oder Zielkugel schießen
serrer le jeu: das Spiel eng machen; nachdem man den Punkt bereits aufgegeben hat, spielt man seine letzten Kugeln so, daß sie den Gegner behindern und es ihm fast unmöglich machen, noch mehr Punkte hinzuzufügen.
serrer une boule: beim Abwurf der Kugel eine rückwärtige oder sonstige Drehung geben
sous-main (jouer): die Kugel wird so geworfen, daß die Handfläche in Richtung Boden zeigt.
stries: f Streifen; Markierungen auf den Kugeln, wodurch sie sich von anderen Kugeln leichter unterscheiden lassen.
super-mêlée (concours): Boules-Wettbewerb, bei dem für jedes Spiel ein neuer Partner ausgelost wird.
sur-main (jouer): die Kugel wird so geworfen, daß der Handrücken in Richtung Boden zeigt (etwa wie beim Kegeln); Gegenteil von „sous-main"

T

taper: eine Kugel wegschießen
tapis (sur le): eigtl. Teppich, Matte; Bezeichung für die Spielfläche
tater la donnée: die Stelle, an der die Kugel aufsetzen soll, abklopfen, indem man seine Kugel ein paarmal darauf fallen läßt, um so die Bodenbeschaffenheit zu prüfen (erlaubt).
tenir le point: den Punkt haben; der Zielkugel am nächsten liegen
têtard: m andere Bezeichnung für „biberon"
tête (prendre une boule sur la t.): eine Kugel oberhalb (am Kopf) streifen
tête à tête: Einzelspiel, einer gegen einen, drei Kugeln jeder
tirer: schießen, wegschießen; eine störende gegnerische Kugel wegschießen
tirer à cul: berühren sich zwei Kugeln und liegen sie vom Abwurfkreis aus gesehen in einer Linie, so schießt man auf die erste Kugel, damit die zweite wegfliegt.
tirer au fer; tirer plein fer; tirer au ventre: beim Schießen eine Kugel voll treffen, ohne vorher den Boden zu berühren.
tirette (boulomètre à): m Meßgerät aus Metall mit einem ausziehbaren Teil
tireur: m Schütze; er hat die Aufgabe, gegnerische Kugeln wegzuschießen.
titout: m Zielkugel
tôle (prendre une): ohne einen einzigen Punktgewinn verlieren („fanny")

toucher (une boule, le but): eine Kugel oder die Zielkugel treffen
tourner une boule: einer Kugel Effet verleihen, sie andrehen oder anschneiden, damit sie eine Links- oder Rechtskurve beschreibt.
tracer: die Spielfeldbegrenzung beim „Boule Lyonnaise" einzeichnen
traille: f eigtl. Seilfähre; beim Boules-Spiel durch eine Rinne oder ähnliches „wie an der Schnur gezogen" zur Zielkugel gelangen
triplette: f das Spiel drei gegen drei, 2 Kugeln pro Spieler; fast alle großen Pétanque-Wettbewerbe, auch die Weltmeisterschaften, werden in „triplette" ausgetragen.
trou (faire un): ein Loch machen; daneben schießen; ein ‚Luftloch' schießen
trouer: Verb für s.o.

V

vas-y, volontiers: etwa: „Auf! Leichtigkeit! Mühelos"; gewollt oder nicht überheblich gemeinter Zuruf des Ansporns an den Partner
ventre (tirer au): in den Bauch schießen; eine Kugel voll treffen, ohne vorher den Boden zu berühren.
vriller une boule: einer Kugel beim Wurf Effet verleihen, so daß sie eine Links- oder Rechtskurve beschreibt.

Offizielle Regeln für das Pétanque-Spiel

Artikel 1

Das Pétanque-Spiel ist ein Mannschaftsspiel; Mannschaften setzen sich zusammen aus:
- drei Spielern, wobei jeder Spieler zwei Kugeln spielt
- zwei Spielern, wobei jeder Spieler drei Kugeln spielt

Artikel 2

Pétanque wird mit Kugeln gespielt, die folgende Eigenschaften haben:
a) die Kugeln sind aus Metall
b) die Kugeln haben einen Durchmesser von mindestens 7,05 cm und höchstens 8,0 cm.
c) die Kugeln haben ein Gewicht von mindestens 0,620 kg und höchstens 0,800 kg. Das Gewicht muß gut lesbar auf den Kugeln eingraviert sein, ebenso muß ein Zeichen der Herstellerfirma auf den Kugeln eingraviert sein.
d) in den Hohlraum der Kugeln dürfen keine Substanzen nachträglich eingebracht werden.

Verstößt ein Spieler gegen den Absatz d), so wird seine Lizenz eingezogen.

Spielt ein Spieler mit einer Kugel, die zwar nicht vorsätzlich in ihrer Art verändert wurde, aber über Abnützungs- oder Materialfehler nicht den Punkten a, b, c entspricht, so muß der Spieler diese Kugel austauschen und seine Mannschaft setzt das Spiel mit dem Spielstand zu 0 fort.

Erhebt ein Spieler Protest gegen den regelgerechten Zustand einer Kugel und dieser Protest stellt sich als unbegründet heraus, wird dieser Spieler mit 3 Punkten bestraft, indem sie dem Punktstand des Gegners hinzugerechnet werden. Schiedsrichter haben das Recht, in jedem Moment des Spieles Kugeln zu kontrollieren.
Wird gegen eine Kugel Protest erhoben, der sich als unbegründet herausstellt, muß der protestierende Spieler für Schadenersatz sorgen, wenn bei der Untersuchung die Kugel Schaden nimmt.

Es liegt im Interesse aller Spieler, vor Beginn des Spiels die eigenen sowie die gegnerischen Kugeln zu überprüfen. Während des Spiels dürfen diese Überprüfungen nur zwischen den Durchgängen angestellt werden.

Nach Spielende werden Proteste nicht mehr berücksichtigt.

Das Ziel ist aus Holz. Der Durchmesser beträgt mind. 25 mm und höchstens 35 mm. Es ist erlaubt, das Ziel farbig anzustreichen.

Artikel 3

Es ist den Spielern verboten, während eines Spiels die Kugeln oder das Ziel auszutauschen, es sei denn

a) die Kugel ist unauffindbar,
b) das Ziel ist unauffindbar.

Wenn während eines Spiels eine Kugel zerbricht, so ist das größte Bruchstück maßgeblich für die Lage. Ist der Durchgang noch nicht beendet, wird dieses Bruchstück durch eine möglichst gleich große wie die zerbrochene Kugel ersetzt, oder der betroffene Spieler nimmt ein anderes Kugelpaar.
Das gleiche gilt für das Ziel.

Artikel 4

Pétanque wird auf jedem beliebigen Terrain gespielt.

Bei einem Wettbewerb können vom Veranstalter abgegrenzte Spielfelder zugewiesen werden. In diesem Fall sollte das Spielfeld eine Mindestbreite von 4 m und eine Mindestlänge von 15 m haben.

Ein Spiel ist beendet, wenn eine Mannschaft 13 (15) Punkte gewonnen hat.

Artikel 5

Auf dem ihnen zugewiesenen Spielfeld losen die Mannschaften aus, wer zuerst das Ziel werfen darf.

Ein Spieler der Mannschaft, die das Ziel wirft, wählt einen beliebigen Punkt innerhalb des Spielfeldes, wo ein Kreis gezogen wird von 0,35 bis 0,50 m Durchmesser und ein Meter von jedem Hindernis entfernt.

Die Füße des Spielers müssen innerhalb des Kreises sein und Bodenkontakt behalten, bis die gespielte Kugel den Boden berührt.

Ausnahmen sind gestattet bei Behinderten. Eine Entscheidung darüber trifft der Schiedsrichter.

Artikel 6

Das geworfene Ziel ist gültig, wenn

a) zwischen Ziel und dem ihm zunächst liegenden Kreisrand die Entfernung mind. 6 m, höchstens 10 m beträgt,
b) der Kreis mindestens 1 m von einem Hindernis entfernt ist,
c) das Ziel mindestens 1 m von einem Hindernis entfernt ist,
d) wenn man innerhalb des Kreises aufrecht stehend das Ziel sehen kann.

Wenn möglich, wird das Ziel aus einem Kreis geworfen, der an der Stelle gezogen wird, an der sich das Ziel beim vorherigen Durchgang befand.

Ausnahmen: ein Hindernis befindet sich näher als 1 m vom Kreis, oder das Ziel kann nicht auf die größtmögliche Entfernung (10 m) von dieser Stelle aus geworfen werden.

Im ersten Fall zieht der Spieler den Kreis in dem von dem Hindernis vorgesehenen Mindestabstand. Im zweiten Fall kann der Spieler soweit zurückgehen, bis er das Ziel auf die größtmögliche Entfernung werfen kann.

Gelingt es einer Mannschaft nicht, mit drei Würfen das Ziel den Regeln gerecht zu plazieren, so hat die gegnerische Mannschaft das Recht des Zielwurfs (auch drei Versuche). Sie kann ebenfalls, wie oben beschrieben, den Kreis verlegen. Gelingt es nicht, mit drei Versuchen das Ziel regelgerecht zu plazieren, kann der Kreis nicht mehr verlegt werden und die erste Mannschaft versucht erneut, das Ziel zu plazieren. Wer auch letztlich das Ziel geworfen hat, die erste Kugel wird von der Mannschaft gespielt, die die ersten drei Versuche hatte.

Artikel 7

Wird das Ziel von einem Spieler, Zuschauer oder Passanten angehalten, so ist dieser Wurf ungültig und zählt nicht als Versuch.

Wenn das Ziel geworfen und eine erste Kugel gespielt worden ist, hat der Gegner das Recht, die Lage des Ziels zu überprüfen. Entspricht die Lage des Ziels nicht den Regeln, so muß das Ziel neu gelegt werden und die bereits gespielte Kugel neu geworfen werden.

Hat nach der ersten Kugel jedoch auch der Gegner eine Kugel gespielt, so hat er die Lage des Ziels als richtig akzeptiert.

Artikel 8

Das Ziel ist „außerhalb“ in den folgenden Fällen:

a) Die Lage des geworfenen Ziels entspricht nicht den Regeln in Artikel 7;
b) wenn während eines Durchganges das Ziel außerhalb der ausgewiesenen Spielfelder gerät. Das Ziel auf der Spielfeldlinie oder auf einer Begrenzung wird als innerhalb betrachtet. Gerät das Ziel in eine Wasserfläche, auf der es schwimmt, gilt es als außerhalb;
c) wenn die Sicht auf das deplazierte Ziel von feststehenden Hindernissen verdeckt ist;
d) wenn das Ziel im Laufe des Spiels in den Kreis gerät;
e) wenn das Ziel weiter als 30 m vom Kreis entfernt zu liegen kommt;
f) wenn das Ziel unauffindbar ist.

Artikel 9

Wenn das Ziel seine ursprüngliche Lage verändert durch einen Windstoß oder durch eine Schräge des Bodens, wird es an seinen ursprünglichen Platz zurückgelegt. Das gleiche gilt, wenn das Ziel versehentlich von einem Spieler, Zuschauer oder einem mobilen Gegenstand aus seiner Lage gebracht wird. Um einen eventuellen Protest zu vermeiden, soll das Ziel in seiner Lage gekennzeichnet sein. Ist dies nicht der Fall, kann kein Protest erhoben werden. Das gleiche gilt für die Kugeln.

Artikel 10

Wenn das Spielfeld nicht begrenzt ist und das Ziel gerät in ein anderes Spiel, warten die Mennschaften das Ende des Durchgangs ab, um anschließend ihren Durchgang zu beenden.

Sind die Spielfelder begrenzt und die Kugel oder Ziel gelangen auf ein anderes Spielfeld, wird der Durchgang wie eben beschrieben beendet.

Der folgende Durchgang wird im ursprünglichen Spielfeld dort begonnen, wo das Ziel dieses Spielfeld verlassen hat unter Berücksichtigung von Artikel 7.

Artikel 11

Wenn während eines Durchganges das Ziel außerhalb des Spielfeldes zu liegen kommt, ergeben sich drei Möglichkeiten:

a) Der Durchgang wird annulliert, sofern beiden Mannschaften noch Kugeln zur Verfügung stehen.
b) Hat nur noch eine Mannschaft Kugeln zu spielen, wird das Ziel an die Stelle der Spielfeldbegrenzung gelegt, wo es das Spielfeld verlassen hat. Die Mannschaft, der noch Kugeln zur Verfügung stehen, spielt diese dann.
c) Haben beide Mannschaften ihre Kugeln gespielt, so erfolgt die Plazierung des Ziels wie bei b). Es kommen die Kugeln in die Wertung, welche sich im Spielfeld befinden.

Gerät das Ziel während des Spiels außerhalb des Spielfeldes und ist unauffindbar, ergeben sich drei Möglichkeiten:

d) Der Durchgang wird annulliert, sofern beide Mannschaften noch Kugeln haben;
e) hat nur noch eine Mannschaft Kugeln zu spielen, so erhält diese für jede noch nicht gespielte Kugel einen Punkt;
f) haben beide Mannschaften ihre Kugeln gespielt, wird der Durchgang annulliert.

Artikel 12

Wenn das von einer Kugel getroffene Ziel von einem Zuschauer oder Schiedsrichter angehalten wird, bleibt es in der neuen Lage. Wird das Ziel von einem Mannschaftsmitglied des Schützen gestoppt, so wird es wieder an den ursprünglichen Platz zurückgelegt oder bleibt in dieser neuen Lage, je nach Belieben des Gegners.

Wird das Ziel von einem Gegner des Schützen angehalten, so hat die Mannschaft des Schützen drei Möglichkeiten:

a) das Ziel an den ursprünglichen Punkt zurückzulegen,
b) das Ziel in der neuen Lage zu belassen,
c) sie kann das Ziel auf der verlängerten Linie zwischen ursprünglicher und neuer Lage niederlegen, aber innerhalb des Spielfeldes.

Wenn das von einer Kugel getroffene Ziel das Spielfeld verläßt und auf irgendeine Weise wieder in das Spielfeld zurückgelangt, dann ist die neue Lage ungültig. Es gilt dann Artikel 13.

Artikel 13

Wenn im Laufe eines Durchganges das Ziel das Spielfeld verläßt, beginnt der nächste Durchgang an der Stelle, wo sich das Ziel befand, bevor es das Feld verließ, unter Beachtung von Artikel 7.

Artikel 14

Die erste Kugel eines Durchganges wird von einem Spieler der Mannschaft gespielt, die das Los oder den vorhergehenden Durchgang gewonnen hat. Um seine Kugel zu spielen, darf sich der Spieler keines Hilfsmittels bedienen oder den Boden durch Striche oder Markierungen kennzeichnen.

Kugel oder Ziel dürfen nicht angefeuchtet werden.

Artikel 15

Nachdem das Ziel geworfen ist, darf das Spielfeld von den Spielern in keiner Weise verändert und gesäubert werden.

Wird im Laufe eines Durchganges das Ziel durch Laub oder Papier verdeckt, werden diese Gegenstände entfernt.

Derjenige, der seine Kugel spielen will, hat das Recht, die Bodenbeschaffenheit zu überprüfen, unter Berücksichtigung der oben genannten Regeln.

Werden die hier aufgeführten Regeln nicht beachtet, kann dies auf folgende Art geahndet werden:

a) Verwarnung,
b) der betreffende Spieler setzt für einen Durchgang aus,
c) die gespielte oder zu spielende Kugel wird annulliert,

d) die betreffende Mannschaft wird disqualifiziert,
e) haben sich beide Mannschaften abgesprochen, die Regel nicht zu beachten, können beide Mannschaften disqualifiziert werden.

Artikel 16

Der Spieler verfügt über höchstens 1 Minute, um seine Kugel zu spielen. Zuwiderhandlungen werden mit den in Artikel 15 aufgeführten Mitteln vom Schiedsrichter geahndet. Gleiches gilt für den Zielwurf.

Artikel 17

In der Zeit, die einem Spieler zur Verfügung steht, um seine Kugel zu spielen, müssen die Zuschauer und Spieler die größte Ruhe bewahren. Nur seine Mitspieler dürfen sich im Raum zwischen Kreis und Ziel aufhalten.

Die Gegenspieler halten sich in einem Abstand von mind. 2 m seitlich des Ziels oder im gleichen Abstand hinter dem Kreis auf und achten darauf, daß ihr Verhalten den Spieler in keiner Weise irritiert.

Spieler, die sich nicht an diese Vorschriften halten, können nach einer Verwarnung des Schiedsrichters vom Turnier ausgeschlossen werden.

Artikel 18

Wird eine gespielte Kugel zwischen Kreis und Ziel angehalten oder abgelenkt von einem Gegenstand, der von außerhalb in das Spielfeld gerät (Ball, Tier, Kugel usw.), muß diese Kugel noch einmal gespielt werden.

Artikel 19

Gelangt eine gespielte Kugel außerhalb der ausgewiesenen Spielfelder, wird diese annulliert. Gelangt eine gespielte Kugel außerhalb der ausgewiesenen Spielfelder und kommt auf welche Weise auch immer in ein Spielfeld zurück, wird diese Kugel aus dem Spiel genommen. Hat diese Kugel, nachdem sie in das Spielfeld zurückgelangte, das Ziel oder andere Kugeln in ihrer Lage verändert, werden das Ziel und die Kugeln in ihre ursprüngliche Lage gebracht.

Artikel 20

Wird eine Kugel durch einen Zuschauer oder vom Schiedsrichter angehalten, bleibt sie in dieser Position.

Wird eine gespielte Kugel von einem Mannschaftskameraden angehalten, wird sie annulliert. Wird eine Kugel von einem Gegenspieler in ihrem

Lauf beeinflußt, kann sie in ihrer Position belassen werden oder noch einmal gespielt werden, nach Belieben des Spielers.

Hält ein Spieler absichtlich eine gespielte Kugel an, kann er und seine Mannschaft ohne Verwarnung disqualifiziert werden.

Artikel 21

Wenn eine Kugel aus ihrer Lage durch Wind oder eine Bodenschräge in eine andere Position gebracht wird, wird sie in ihre ursprüngliche Lage zurückversetzt.

Das gleiche gilt, wenn ein Spieler oder Zuschauer versehentlich eine Kugel aus ihrer Lage bringt oder dies durch andere Einflüsse geschieht.

Um jeden Protest zu vermeiden, sollen die Spieler die Lage des Ziels und der Kugeln markieren. Der Schiedsrichter kann bei Uneinigkeit über die Lage einer deplazierten Kugel nur die neue Lage als die endgültige bestätigen.

Artikel 22

Spielt ein Spieler eine andere als seine Kugel, wird er vom Schiedsrichter verwarnt. Die gespielte Kugel ist gültig, wird aber durch die eigene ersetzt.

Im Wiederholungsfall während desselben Spiels wird die Kugel annulliert, und was diese Kugel in diesem Durchgang verändert hat, wird in die ursprüngliche Lage zurückversetzt.

Dieselbe Regel findet Anwendung für den Fall, daß eine Kugel nicht aus dem Kreis gespielt wird, aus dem das Ziel geworfen wurde.

Artikel 23

Jede Kugel, die nicht den Regeln gerecht gespielt wird, wird annulliert, und was diese Kugel verändert, wird in die alte Lage zurückversetzt. Allerdings können die Gegenspieler die Vorteilsregel anwenden und die Kugel und deren Ergebnis akzeptieren. In diesem Fall ist die gespielte Kugel gültig.

Bevor eine Kugel gespielt wird, muß der Spieler diese Kugel von an der Kugel haftenden Fremdkörpern säubern. Geschieht dies nicht, so kann dies wie in Artikel 15 beschrieben, geahndet werden.

Artikel 24

Um einen Punkt auszumessen, kann der Schiedsrichter dabei störende Kugeln oder Hindernisse vorübergehend entfernen, nachdem sie in ihrer Lage markiert worden sind.

Artikel 25

Beansprucht eine Mannschaft, nachdem sie gespielt hat, den Punkt, so muß im Zweifel diese Mannschaft auch messen. Danach kann der Gegner ebenfalls messen.

Wenn sich die Mannschaften über die Zugehörigkeit des Punktes nicht einigen können, ist der Schiedsrichter zu befragen, dessen Entscheidung zu akzeptieren ist.

Artikel 26

Wenn ein Mannschaftsmitglied mit Augenschein oder einem Gerät einen Punkt gemessen hat und daraufhin eine Kugel spielt, wird die gegnerische der gemessenen Kugeln als dem Ziel näher angenommen, wenn nicht im Laufe des Durchgangs eine dieser beiden Kugeln in ihrer Lage verändert wird.

Artikel 27

Wenn ein Spieler während des Messens das Ziel oder eine Kugel zum Nachteil des Gegners in der Lage verändert, so fällt der zu messende Punkt dem Gegner zu.

Artikel 28

Berühren gegnerische Kugeln das Ziel, oder ist kein Entfernungsunterschied zwischen zwei gegnerischen Kugeln zum Ziel feststellbar, gilt folgendes:

a) Haben beide Mannschaften ihre Kugeln gespielt, wird der Durchgang annulliert. Das Ziel gehört der Mannschaft, die den letzten Durchgang gewonnen hat.
b) Hat eine Mannschaft noch Kugeln, so werden diese gespielt.
c) Haben beide Mannschaften noch Kugeln, so muß die Mannschaft, die die letzte Kugel gespielt hat, eine weitere Kugel spielen; dann spielt der Gegner und weiter abwechselnd, bis eine Mannschaft den Punkt gewonnen hat.

Artikel 29

Fremdkörper, die an Ziel oder Kugel haften, werden mitvermessen.

Artikel 30

Vor Beginn eines Wettbewerbs muß jeder Spieler seine Lizenz vorweisen können; ebenso auf Verlangen des Schiedsrichters während des Wettbewerbs oder auf Verlangen des Gegners vor einem Spiel.

Besitzt ein Spieler keinen Spielausweis, kann er vom Wettbewerb ausgeschlossen werden.

Artikel 31

Damit Proteste berücksichtigt werden können, müssen sie sofort dem Schiedsrichter mitgeteilt werden. Nach dem Spiel werden keine Proteste mehr angenommen.

Jede einzelne Mannschaft überwacht das regelgerechte Verhalten des Gegners.

Artikel 32

Alle Spieler müssen bei Turnieren zu den von den Veranstaltern festgesetzten Terminen anwesend sein.

Verspätet sich eine Mannschaft um mehr als 15 Minuten, wird sie mit 1 Punkt bestraft. Nach jeweils weiteren 5 Minuten verliert diese Mannschaft einen weiteren Punkt. Ist eine Mannschaft eine Stunde nach dem vom Veranstalter angesetzten Spieltermin nicht anwesend, hat sie das Spiel verloren.

Die Mannschaftsmitglieder einer unvollständigen Mannschaft haben das Recht, das Spiel aufzunehmen, verfügen dann aber nicht über die Kugeln des abwesenden Spielers.

Artikel 33

Während eines Durchganges darf der bis dahin fehlende Mitspieler nicht eingesetzt werden. Er muß den nächsten Durchgang abwarten. Verspätet sich ein Mitspieler um mehr als eine Stunde, darf er im laufenden Spiel nicht mehr eingesetzt werden.

Artikel 34

Es ist nicht erlaubt, während eines Turniers ein Mannschaftsmitglied auszutauschen.

Artikel 35

Beginnt es zu regnen, muß ein begonnener Durchgang beendet werden, es sei denn, Schiedsrichter und Veranstalter entscheiden anders.

Wenn im Laufe eines Turniers ein Spiel den zeitlichen Ablauf der Veranstaltung aufhält, haben Schiedsrichter gemeinsam mit dem Veranstalter jede Möglichkeit, in dieses Spiel einzugreifen. Ohne Erlaubnis des Schiedsrichters darf kein Spieler das Spielfeld verlassen. Geschieht dies doch, gelten die Artikel 32 und 33.

Artikel 36

Bestechung und jegliche Absprache zwischen zwei oder mehreren Mannschaften mit dem Ziel, das Ergebnis zugunsten einer Mannschaft zu manipulieren, ist verboten. Geahndet wird ein solcher Verstoß gegen die faire Abwicklung des Spiels mit dem sofortigen Ausschluß der für schuldig erklärten Mannschaft. Alle Spielergebnisse dieser Mannschaft werden annulliert.

Artikel 37

Der Spieler, der sich eine Unkorrektheit oder Gewaltätigkeit gegenüber einem Offiziellen, einem Schiedsrichter, einem Spieler oder einem Zuschauer zuschulden kommen läßt, kann, je nach Schwere des Vergehens, mit einer oder mehreren der folgenden Maßnahmen bestraft werden:

a) Ausschluß vom Wettbewerb,
b) Entzug der Lizenz,
c) Einbehaltung der Preise.

Die Sanktion, die den schuldigen Spieler betrifft, kann auf seine Mitspieler erweitert werden.

Die Maßnahmen a) und b) werden vom Schiedsrichter getroffen; die Maßnahme c) vom Veranstalter.

Artikel 38

Entscheidungen über die Fälle, die in diesem Regelwerk nicht behandelt sind, hat der Schiedsrichter gemeinsam mit dem Veranstalter zu treffen. Kommt es aufgrund von Stimmengleichheit zu keiner Entscheidung, so ist die Entscheidung des Schiedsrichters bindend.

Anmerkungen / Quellenangaben

1 Ins Deutsche übertragen und nacherzählt aus: Pierre-Jean Vuillemin: Le théâtre de la pétanque; in: Provence Magazine, August 1976, S. 30
2 Erzählt von E. Fournier, in: Histoire des jouets et des jeux d'enfants; Dentu 1899
3 Michelin: Côte d'Azur – Haute-Provence, Le Jeu de Boules; Paris 1975, S. 28
4 Pierre-Jean Vuillemin: wie Anm. 1; S. 28
5 Gens d'aventure, 11. Strophe; Manuskript aus dem Ende des 13. Jahrhunderts, 1835 von Achille Jubinal veröffentlicht
6 Cercle des Boulomanes de Marseille: Bouliana, prose et vers; Marseille 1874
7 J. Pecheux: La Naissance du Rail Européen; Berger, Levrault; 1970

Bibliographie

„Encyclopédie des Jeux des Sports". La Pleiade N.R.F., 1967
Desplas, A.: „C'est ça la pétanque"; Solar 1971
Duluc, André: „Jeux de Boules". Paris: Amphora 1978
Ders.: „La Boule Lyonnaise". Lyon 1973
Fernez, André: „La Pétanque". Verviers, Gérard; L'inter 1963
Godard, Justin: „Anthologie du jeu de Boules". Villefranche 1938
Marty, Christian: „La Pétanque". Paris: R. Laffont 1976
Otello: „Plein Soleil sur la pétanque". Paris 1970
Plume, Christian: „Tout sur la pétanque". Horay, P. 1976
Parsons, C.: „They call it pétanque: boules". Saint Paul (Alpes-Maritimes): C. Parsons 1976
Rousseau, C.: „Pratique de la pétanque". L'auteur: Le Boquignon. Olonne-sur-Mer (Vendée) 1970
Silvester, Hans (photos) und Audouard, Yvan (textes): „Pétanque et jeu provençal". Paris: Ed. du Chêne 1977
Tardieu, Ch.: „Boules, quilles, bowling et règlement officiel de la pétanque". Bornemann (Sportive). In der gleichen Reihe erschienen: „Tactique et technique de la pétanque". R.A.P.

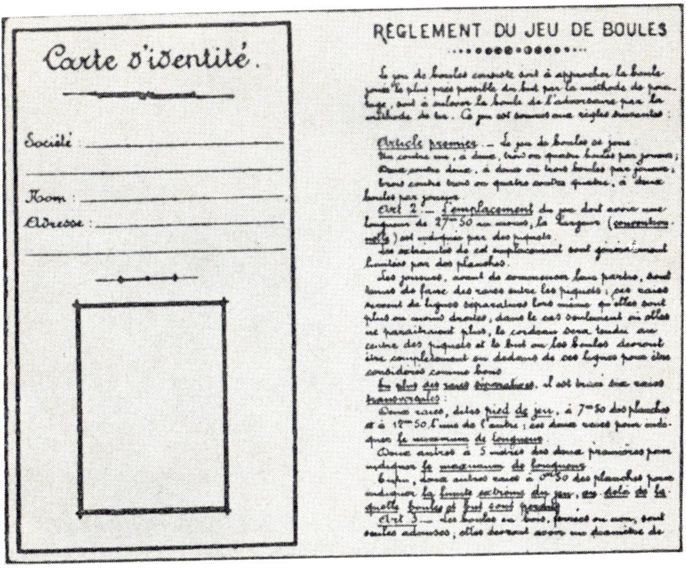

Carte d'identité.

Société :

Nom :

Adresse :

REGLEMENT DU JEU DE BOULES

Le jeu de boules consiste soit à approcher la boule le plus près possible du but par la méthode de pointage, soit à enlever la boule de l'adversaire par la méthode de tir. Ce jeu est soumis aux règles suivantes :

Article premier. — Le jeu de boules se joue
Un contre un, à deux, trois ou quatre boules par joueur ;
Deux contre deux, à deux ou trois boules par joueur ;
Trois contre trois ou quatre contre quatre, à deux boules par joueur.

Art 2. — L'emplacement du jeu doit avoir une longueur de $27^{m}50$ au moins, la longueur (conventionnelle) est indiquée par des piquets.

Les extrémités de cet emplacement sont généralement limitées par des planches.

Les joueurs, avant de commencer leur partie, sont tenus de faire des raies entre les piquets ; ces raies servent de lignes séparatives lors même qu'elles sont plus ou moins droites, dans le cas seulement où elles ne paraîtraient plus, le cordeau sera tendu au centre des piquets et le but ou les boules devront être complètement en dedans de ces lignes pour être considérés comme bons.

En plus des raies séparatives, il est tracé six raies transversales :

Deux raies, dites pied de jeu, à $7^{m}50$ des planches et à $12^{m}50$ l'une de l'autre ; ces deux raies pour indiquer le minimum de longueur.

Deux autres à 5 mètres des deux premières pour indiquer le maximum de longueur.

Enfin, deux autres raies à $0^{m}50$ des planches pour indiquer la limite extrême du jeu, au delà de laquelle boules et but sont perdus.

Art 3. — Les boules en bois, ferrées ou non, sont toutes admises ; elles devront avoir un diamètre de

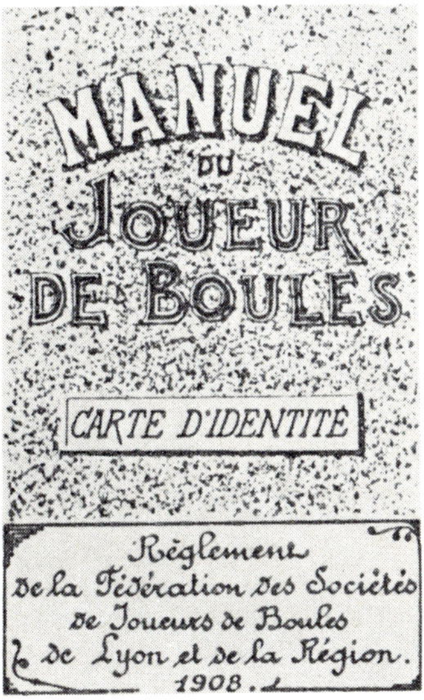

MANUEL DU JOUEUR DE BOULES

CARTE D'IDENTITÉ

Règlement
de la Fédération des Sociétés
de Joueurs de Boules
de Lyon et de la Région.
1908.

GAVARNI.